JN045535

企業のための

民法改正と実務対応

債権法

弁護士法人 **ピクト法律事務所** ［編著］

清文社

はじめに

　2020年4月より、約120年ぶりに、民法のうち債権に関する分野（債権法）が大きく変更になりました。この債権法の改正というのは、企業や事業主が事業を遂行する上で、必要不可欠な契約などの取引や実際に金銭などを回収するための債権管理・回収に大きな影響を及ぼすものです。

　債権法改正に関する書籍は多数存在しますが、逐条解説（条文ごとの解説）や民法の体系に沿って解説されているものが多く、実務担当者の方々が実際に業務を行う際に、どういった点に注意しなければならないかがわかる形で整理されているものは、なかなか見当たりません。

　多くの経営者や実務担当者の方々は、「民法が改正されたという話は聞くけれど、実際に自分（自社）が行っている事業や業務活動と関連して、いったい何が変わるのか、どういった方法で何をしなければならないか」など漠然と不安を抱えているのではないでしょうか。

　そこで、本書では、事業活動や業務活動から、債権法の改正を整理し「何が変わるのか、どのように対応しなくてはならないのか（またはしなくもよいのか）」という点を、全64の事例形式で解説することとしました。

　債権法の改正の中には、旧民法時代の判例上の取扱いを明文化したり、整理したというものも多数あり、従来と対応を変更する必要のない箇所も少なからず存在します。しかし、事業活動における意思決定としては、このような改正点についてはこれまでの運用を維持すれば足りるというところがはっきりとわかることも重要な要素であると考えられます。また、ルール自体が変更になった改正点についても、実際にどの時点の契約などについて、新旧いずれのルールが適用されるのかという点は、実務上は非

常に重要な要素です。

　これらの点に配慮するため、すべての事例の文末には、「旧民法の場合と適用関係」という項目を設け、実務により役立つ形で整理を行っており、この点も本書の大きな特徴といえるでしょう。

　企業の経営者や実務担当者など、事業に携わる方々に、本書を身近に置いていただき、事業活動や業務活動における意思決定や実務対応のお役に立つことができれば、これほど著者として冥利に尽きることはありません。

　最後になりましたが、本書を執筆する機会を与えてくださった藤本優子様をはじめとする株式会社清文社の皆様、執筆を担当した弊所の各弁護士にも、心より感謝申し上げます。

2020年5月

弁護士法人ピクト法律事務所
代表弁護士　永吉　啓一郎

Contents

目次 | 企業のための 民法（債権法）改正と実務対応

第1章 民法（債権法）改正と業務（事業活動）の関係

1 民法とは 3
- （1）民法の基本的な仕組み 3
- （2）民法と契約 9
- （3）民法に基づく権利の実現 9

2 民法と企業の事業活動・業務との関係 13
- （1）企業の事業活動と様々な業務 13
- （2）民法と事業活動・業務との関係 15

3 民法（債権法）改正が及ぼす事業活動・業務への影響 17
- （1）民法（債権法）改正 17
- （2）経過措置 18
- （3）事業活動・業務への影響 18

第2章 契約業務への影響

1 『契約の締結』と民法改正 23
- 事例1◎契約の成立時期と意思能力 23
- 事例2◎認知症が疑われる人との契約 29
- Column 契約をする能力（意思能力と行為能力）とは？ 32
- 事例3◎動機の錯誤による取消しと第三者との関係 34
- 事例4◎代理人がさらに代理人を選任（復代理）した場合の責任追及 40
- 事例5◎代理人の利益相反規制と無権代理人の責任 43
- 事例6◎有効な代理権限を有しない人との取引における
  従来の判例法理の明文化 47

2 『利用規約などの定型的約款』と民法改正　51

事例7◎利用規約などの定型約款とは　51

事例8◎定型約款が合意の内容となる条件　56

事例9◎定型約款の内容を変更する方法　61

3 『契約トラブル対応』と民法改正　65

事例10◎契約を解除できる場合と方法①（催告解除と軽微性の要件）　65

事例11◎契約を解除できる場合と方法②（履行不能による無催告解除）　68

事例12◎契約を解除できる場合と方法③

　　　　（確定的履行拒絶による無催告法解除）　71

事例13◎契約解除の効果が発生するのはいつか?　74

事例14◎損害賠償責任を負う場合と負わない場合（免責事由）　78

事例15◎自社の債務の履行を第三者に委託する場合の損害賠償責任　82

事例16◎合意解除と損害賠償　84

事例17◎代金の支払遅延と遅延損害金　87

事例18◎原始的に不能な契約と損害賠償責任　94

事例19◎当事者双方に責任のない理由で債務の履行が不能になった場合　97

第3章　契約類型による業務活動への影響

1 『仕入れ・販売』と民法改正　103

事例20◎欠陥商品の取換えを請求できるか?　103

事例21◎商品の欠陥を理由とする代金の減額の請求に

　　　　応じなければならないのか?　106

事例22◎売買における瑕疵担保責任規定の改正と契約書の条項変更　109

事例23◎欠陥商品の買主は契約自体を解除できるのか?　112

事例24◎欠陥商品であることを理由に商品の転売利益を

　　　　損害賠償請求できるのか?　115

事例25◎買主が商品を受け取らない場合の商品管理費用は

　　　　誰が負担するのか?　118

2 『他社への業務委託』と民法改正　121

　事例26◎請負契約における納品物の欠陥について責任追及は
　　　　　いつまでできるのか？　121

　事例27◎請負契約における納品物の欠陥への対応　124

　事例28◎請負契約が途中で終了した場合の報酬の取扱い　128

　事例29◎委任契約の途中終了と報酬の取扱い　131

　事例30◎委任を受けた業務を外注することはできるのか？　134

　Column 請負契約と委任契約はどう区別されるのか？　136

3 『物（事務所など）の貸し借り』と民法改正　138

　事例31◎賃貸借の期間とそれを超過する契約の有効性　138

　事例32◎賃貸人の地位の留保と移転　141

　事例33◎賃貸借の目的物が一部利用できなくなった場合の
　　　　　賃料減額や解除　147

　事例34◎無償で倉庫を借りる契約を締結したが貸主の都合で
　　　　　引渡してもらえない場合　151

4 『従業員の雇用管理』と民法改正　154

　事例35◎従業員からの雇用契約の終了　154

　事例36◎従業員が働けなくなった場合の報酬の支払　160

　Column 労働債権と消滅時効期間　163

第4章　資金調達活動への影響

1 『金銭借入れ』と民法改正　167

　事例37◎契約書の作成後に融資予定先から融資の話を断られた場合　167

　事例38◎借入金を支払期限前に一括返済したい場合　170

2 『金銭債務の保証』と民法改正　173

　事例39◎保証人に対する債権者の情報提供義務　173

　事例40◎主債務者が解除権を有する場合に保証債務の履行を
　　　　　拒否できるか？　178

事例41◎連帯保証人について生じた事由の相対効　182

Column 根保証と民法改正　187

3 『**金銭債務の担保**』**と民法改正**　190

事例42◎将来発生する債権の担保化　190

第5章　債権の管理回収業務への影響

1 消滅時効　196

事例43◎消滅時効の改正民法の概要と適用関係　196

事例44◎消滅時効期間の改正（職業別短期消滅時効の廃止等）　202

Column 消滅時効期間の改正が税務上の貸倒通達へ与える影響　206

事例45◎時効期間がストップする方法とリセットする方法　208

事例46◎協議を行う旨の合意による新たな完成猶予の方法　213

事例47◎不法行為に基づく損害賠償請求と生命・身体が害された
　　　　場合の時効期間　217

2 債権者代位　220

事例48◎強制執行できない債権を被保全債権として債権者代位権
　　　　を行使できるか？　220

事例49◎債権者代位権が行使された後に債務者自ら
　　　　取り立てできるのか？　225

事例50◎登記請求権の代位行使　228

3 詐害行為取消権　231

事例51◎詐害行為取消権の要件と効果　231

事例52◎受益者からの転得者に対する詐害行為取消請求　238

4 債権譲渡・相殺　244

事例53◎譲渡禁止された債権の譲渡とその効力　244

事例54◎譲渡禁止された債権が二社に譲渡された場合の優先関係　249

Column 債権譲渡制限特約に関するその他の改正事項　253

事例55◎債権譲渡に債務者が異議なく承諾した場合の取扱い　256

事例56◎債務者は、債権の譲受人に対して、自己の譲渡人に対する
　　　　債権による相殺を主張できるのか? 　259

Column　相殺に関する「債権譲渡」と「債権の差押え」における改正点の異同　265

5 契約上の地位の移転・債務引受　267

事例57◎買主の地位（契約上の地位）の譲渡と民法改正　267

事例58◎他社の債務を引受けたが他社も引き続き債務を負い続ける場合
　　　　（併存的債務引受）の注意点　270

事例59◎第三者に免責的債務引受をしてもらう場合の注意点　273

Column　債権譲渡・債務引受け・契約上の地位の移転・更改の違い　276

6 弁済　278

事例60◎債務者ではない第三者による弁済　278

事例61◎預貯金口座への振込による弁済　282

事例62◎受領権者としての外観を有するものに対する弁済　286

事例63◎法定代位における債権者の承諾の要件の排除　290

事例64◎一部弁済による代位　295

※本書の内容は、2020年3月末日現在に判明している法令等によっています。

＊ 凡 例 ＊

１．法令等の表記

　本文で使用される法令等の表記は、下記以外のものは正式名称としています。

　改正民法　……平成29年法律第44号による改正があった条項についての
　　　　　　　　改正後の民法

　旧民法　　……平成29年法律第44号による改正があった条項についての
　　　　　　　　改正前の民法

　旧商法　　……平成29年法律第45号による改正があった条項についての
　　　　　　　　改正前の商法

　景品表示法……不当景品類及び不当表示防止法

　薬機法　　……医薬品、医療機器等の品質、有効性及び安全性の確保等
　　　　　　　　に関する法律

　特定商取引法……特定商取引に関する法律

　旧労働基準法……令和２年法律第13号による改正があった条項について
　　　　　　　　　の改正前の労働基準法

２．判例、裁判例の表記

　民集……大審院民事判例集、最高裁判所民事判例集

　民録……大審院民事判決録

第 1 章

民法(債権法)改正と業務(事業活動)の関係

第1章では、第2章以降の事例形式の解説への導入として、民法の基本的な仕組み、民法と企業の事業活動・業務との関係、民法（債権法）改正が及ぼす事業活動・業務への影響について解説します。

1．民法とは

　民法は「私法の一般法」と呼ばれます。第1節では、「私法の一般法」である民法の基本的な仕組みや体系について、具体的な事例を用いながら解説しています。あわせて、民法に基づく権利がどのように実現されるかについても解説します。

2．民法と企業の事業活動・業務との関係

　各企業は事業目的を達成するために、商品やサービスの開発・販売といった核となる事業活動だけでなく、資金調達、事業に必要な場所や物の確保、人材の雇用、トラブルへの対応など様々な事業活動・業務を行っています。第2節では、これらの事業活動・業務と民法の関わりについて解説しています。

3．民法（債権法）改正が及ぼす事業活動・業務への影響

　2020年4月1日から改正民法が施行されました。第3節では、今回の改正の目的について解説しています。あわせて、経過措置、事業活動・業務への影響について簡潔に解説しています。なお、経過措置、事業活動・業務への影響の個別の解説については、第2章～第5章の各事例の解説をご覧ください。

1 民法とは

（1）民法の基本的な仕組み

a. 私法の一般法としての民法

　2020年4月1日から、改正民法が施行されました。改正民法が施行されたといっても、そもそも民法自体がどういったものかが分からないという方もいるかもしれません。

　民法は、国が定める法律の一つで、私法の一般法を定めた法律と言われます。「私法」や「一般法」といった言葉は、日常生活では使わない言葉なので、聞きなれない方も多いでしょう。「私法」「一般法」とはどういうものなのでしょうか。「私法」と「一般法」について説明するには、「公法」「特別法」といった対比して使われる言葉についても説明した方がわかりやすいので、あわせて説明します。

　「私法」は私人（個人や企業のことです）と私人の関係を規律する法です。一方、「公法」は国と私人との関係を規律する法律です。この説明だけではイメージを持ちにくいので、具体例で考えてみましょう。

◉事例

　X社は健康食品Aを自社のウェブサイト上で販売している小売業者である。

　X社は、健康食品Aの販売ページに「健康食品Aを3か月間継続して摂取すれば、花粉症が治る！」という謳い文句を記載して、1個あたり3万円で健康食品Aを販売し、100人の消費者が健康食品AをX社のサイト上で購入した。しかし、実際には、健康食品Aには花粉症が治るという効果はな

く、医薬品の承認を受けてもいなかった。

　不審に思った消費者が行政に通報し、X社は、景品表示法と薬機法に違反するという理由で国から営業停止処分を受けた。また、X社は、健康食品Aを購入した消費者から購入代金の返還を請求された。

　実際には健康食品Aに花粉症を治す効果がないにもかかわらず、そのような内容の広告をすることは、景品表示法が禁止する優良誤認表示（平たく言うと虚偽誇大広告のことです）に当たります。また、医薬品の承認を受けていないにもかかわらず、病気が治るといった内容の広告をすることは薬機法（薬事法と呼ばれていた法律のことです）にも違反します。これらの法律には、景品表示法や薬機法の定めるルールに違反した場合には、国が事業者に対して行政指導や営業停止処分などの行政処分をすることができると定められています。これは、国と私人の関係を規律するルールですので、景品表示法や薬機法は公法にあたります。

　一方、X社は健康食品Aを「3か月継続して摂取すれば花粉症が治る」との謳い文句で販売していたのですから、消費者との間には、花粉症を治す効果のある商品を引き渡す売買契約が成立しているといえます。そうであるにもかかわらず、実際には花粉症が治る効果のない商品を引き渡してしまっているため、X社は消費者との間の売買契約に違反していることになります。契約の相手が契約上の義務に違反した場合に契約を解除して、代金の返還を求める場合のルールを民法は定めています。これは、私人と私人の間を規律するルールですので、民法は私法にあたります。民法の他にも、商法の定めるルールのうち商人（平たく言うと事業者のことです）と商人・商人と個人との間の関係を規律する部分や、会社法の定めるルールのうち会社の組織や会社と株主・取引先等との関係を規律する部分も私法にあたります。

【私法と公法の例】

	私法	公法
具体例	民法 商法（商人と商人・商人と個人との間の関係を規律する部分） 会社法（会社の組織、会社と株主・取引先等との関係を規律する部分）	憲法 景品表示法 薬機法
特徴	私人と私人の関係を規律する法	国と私人との関係を規律する法

　次は、「一般法」と「特別法」の関係です。「特別法」は適用範囲が特定の範囲に限定されている法のことをいいます。それに対して「一般法」は適用対象が特別法よりも広い法のことをいいます。

　「民法」は、市民の間の私的な関係を規律する法律（「私法」といいます）であり、一般法にあたります。一方、「商法」は商人との関係について、「会社法」は会社の組織や会社と株主・取引先等の関係について、「消費者契約法」は事業者と消費者の関係について適用される法律であり、適用範囲が特定の範囲に限定されているため、特別法にあたります。

　一般法の領域のうち、限定された領域について、特別法が定められていることから、この領域では、特別法が優先的に適用されます。

【一般法と特別法の例】

	一般法	特別法
具体例	民法	商法 会社法 消費者契約法
特徴	適用範囲が特別法よりも広い法	適用範囲が特定の範囲に限定されている法

b. 財産法と家族法

　民法は、私法の一般法ですが、その内容は、大きく「財産法」について
定める部分と「家族法」について定める部分に分かれます。「財産法」は
財産に関わる法のことです。「財産法」は、さらに、「物権法」について定
める部分と「債権法」について定める部分に分類されます。一方「家族
法」とは家族に関わる法です。今回改正された債権法は、「家族法」では
なく、「財産法」に分類されます。

c. 物権法と債権法

(a) 物権法

　「物権法」について定める部分は、物権に関するルールを定めていま
す。物権とは、物を直接支配する権利のことをいいます。所有権の例が一
番わかりやすいでしょう。

◉事例

> 　X社は、東京都の郊外でスーパーマーケットを経営している。X社が経営
> しているスーパーマーケットのA店の敷地はX社が所有しているが、その
> 敷地内には駐車場が併設されている。その駐車場の隣には、建設業者であ
> るY社の建築資材置場があり、建築資材を保管する倉庫が建っている。
>
> 　ある日の朝、A店の店長が出勤したところ、Y社の建築資材置場の倉庫が
> 倒壊しており、建築資材がA店の駐車場に散乱している状態だった。このま
> までは、駐車場に駐車することができず、A店の営業に支障が出てしまう。

　上記事例で、X社としてはY社に対して、Y社の費用負担で散乱した建
築資材の撤去を求めたいところでしょう。このような場合に登場するのが
物権です。物権の代表格は、所有権です。所有権は、物を直接支配する権

利で、具体的には物を使用・収益・処分することができる権利です。この所有権の行使が妨げられる場合には、その妨害を排除することが法的に認められています。上記事例で、X社はY社に対して、敷地の所有権に基づいて、建築資材の撤去を求めることができると考えられます。

なお、物権は所有権だけに限られず、債権が回収できない場合に不動産を強制的に売却して代金から優先的に債権を回収することができる権利である抵当権などの担保物権もあります。

(b) 債権法

「債権法」について定める部分は、債権に関するルールについて定めています。債権とは人が他人に対して一定の行為を要求することができる権利のことをいいます。この場合の一定の行為を要求する方を「債権者」、要求される方を「債務者」といいます。また、ここでいう「人」「他人」には、個人だけでなく、会社などの法人も含まれます。

◉事例

> 2020年4月10日、X銀行はY社に対して、返済期限を2021年4月9日、利息を年2％とする約定で、1,000万円を貸渡した。

上記事例で、返済期限が到来すれば、X銀行はYに対して金銭消費貸借契約に基づき発生した貸金債権と利息債権を行使して、元本の1,000万円と利息の支払いを求めることができます。

d. 民法総則

最後に、民法には、財産法と家族法について共通に適用される「民法総則」があります。「民法総則」は、権利の主体である「人」や「法人」、権

利の客体である「物」、権利の変動原因である「法律行為」や「時効」など、民法全般にかかわるルールが定められています。

e. 民法の体系

民法の体系を図であらわすと、次のとおりとなります。

【民法の体系】

(2) 民法と契約

　民法のうち、企業活動との関係でとりわけ重要なのは、契約にかかわる部分です。なぜなら、「2　民法と企業の事業活動・業務の関係」(13ページ参照) で説明するとおり、企業の活動はさまざまな主体との契約を前提に行われているからです。今回の民法改正では、この契約にかかわる部分について様々な改正が行われています。

(3) 民法に基づく権利の実現

　前述のとおり、民法は、企業や個人の権利義務や契約についてのルールを定める「私法の一般法」です。では、権利や義務とはいったい何なのでしょうか。

　契約書や不動産登記簿を思い浮かべる方もいるかもしれません。しかし、契約書や不動産登記簿は、権利や義務自体ではありません。権利や義務は、抽象的な概念であって物理的に見えるものではないのです。では、民法や契約によって発生した抽象的な概念である権利を実際にどのように実現すればよいのでしょうか。事例をもとに考えてみましょう。

◉事例

> 　食品加工機械の製造メーカーX社は、食品製造メーカーであるY社から、Y社の新しい商品を製造するために工場で使用する食品加工機械を製造してほしいとの打診を受けた。
>
> 　X社とY社は、数回の協議を経て食品加工機械の仕様を決定し、2020年4月15日、製作物供給契約を締結した。契約では、食品加工機械の代金を2,000万円、納期を2020年7月31日、代金の支払期日を2020年8月31日と定めていた。

X社は、2020年7月31日に食品加工機械をY社指定の工場に納品し、2020年8月10日に代金2,000万円の請求書をY社に送付した。しかし、2020年8月31日を過ぎても、Y社から代金2,000万円の支払いがなされていない。

a. 権利と義務

本事例において、X社はY社に対し、製作物供給契約に基づき、「代金2,000万円を2020年8月31日までに支払う」という行為を求める権利（代金支払請求権）をもっています。裏を返せば、Y社はX社に対して「代金2,000万円を2020年8月31日までに支払わなければならない」という義務（代金支払債務）を負っています。では、X社は、Y社に対する代金支払請求権をどのように実現すればよいのでしょうか。

b. 請求書の送付

本事例において、X社は2020年8月10日に請求書を送付しています。請求書の送付は、契約で定めた義務の履行を求める行為ですので、請求書を送付する行為も、権利の実現に向けた行為であるといえます。もっとも、請求書の送付に対し、Y社が契約どおりに代金を支払ってくれれば、契約書で定めた条件や民法のルールを持ち出すまでもありません。

c. 督促

では、本事例のように、Y社が代金を支払ってくれなかった場合は、どうすればよいのでしょうか。代金が支払われなかった場合、まずは、メール・電話・手紙などで督促をするのが普通のやり方でしょう。この督促自体も、権利を行使する行為に他なりません。

d. 内容証明郵便

　さらに進んで、督促に対しても支払いない場合には、どうすればよいのでしょうか。すぐに弁護士に相談するというのも一つの手でしょう。しかしその前に、内容証明郵便を会社から送るという方法も考えられます。内容証明郵便とは、郵送する文書の内容を郵便局が証明してくれる郵便のことです。内容証明郵便を送る際には、配達した事実を証明してもらえる配達証明も一緒につけて送るのが通常です。配達証明付きの内容証明郵便は、こちらが送付した文書の内容と配達の事実を証拠として残しておくという姿勢を相手に示すに等しく、普通郵便で送るよりも強い姿勢を相手に伝えることができるため、相手に支払いを促す効果をある程度は期待することができます。

　内容証明郵便を会社から送ったけれども一向に支払う気配がない場合には、会社内での動きだけで対応するのは困難でしょう。このような場合には、弁護士を通じて内容証明郵便を送ることが考えられます。弁護士を通じて内容証明郵便を送ることで、より強い姿勢を伝えることができるため、会社から送付する場合よりも支払いを促す効果を期待できるでしょう。ただし、弁護士を通じて内容証明郵便を送ったとしても、弁護士自身が相手に支払いを強制することまではできませんから、相手が支払わないということもあり得ます。

e. 訴訟の提起

　弁護士を通じて内容証明郵便を送ったけれども、支払いがなされない場合はどうすればよいのでしょうか。そのような場合には、裁判所の手続を使うこととなります。具体的には、裁判所に訴訟を提起するのです。訴訟を提起された相手は、きちんと応じないと訴訟に負けてしまうおそれがあるので、相手の対応を促すことができます。訴訟については、日本では本人訴訟も認められているので必ずしも弁護士に依頼する必要はありませ

ん。もっとも、訴訟活動には専門的な知識が必要になるので、弁護士に依頼するのが無難でしょう。

X社が勝訴し、その判決にしたがってY社が任意に支払いを行えば、X社は代金を無事に回収することができます。

f. 強制執行

一方、Y社が裁判に出席せず、裁判に何の書面も提出しなかった場合やX社の請求が認容された場合には、X社は勝訴判決を得られますが、任意の支払いを期待できないときは、勝訴判決に基づいてY社の財産に強制執行を申し立てることになります。

強制執行とは、債権者の申立てによって、裁判所が債務者の財産を差押えてお金に換えた上で、債権者にお金を分配して債権を回収させる手続のことです。X社は、Y社の財産（不動産や売掛金債権など）について、強制執行を申し立てて、代金を回収することになるでしょう。

g. 調停・和解による解決

その他にも、民事調停という裁判所の手続を利用することも考えられます。民事調停とは裁判所を利用した話し合いの手続です。調停における話し合いで代金の支払いについて合意し、Y社がその合意に基づいて代金を支払ってくれれば、X社は代金を回収することができます。なお、訴訟手続においても、判決に至る前に、訴訟手続の中で和解をしたり訴訟外で和解をしたりして解決する場合も多くあります。

2 民法と企業の事業活動・業務との関係

(1) 企業の事業活動と様々な業務

　事業活動について、明確な定義があるわけではありませんが、本書では、事業活動を「企業が商品またはサービスを販売して利益を獲得するまでの購買及び販売にかかわる一連の活動」という意味で使います。

　企業は、それぞれ様々な事業活動を行っています。事業活動の分類については、総務省が公表している日本標準産業分類における分類が参考になります。そこでは、大分類として20の業種に分類されており、各大分類の業種についてさらに細かく分類されています。なお、日本標準産業分類には医療や公務なども含まれていますが、これらについては営利を目的としているものではないため、本書における「事業活動」からは除外することとします。

【日本標準産業分類における大分類】

	大分類		
A	農業、林業	K	不動産業、物品賃貸業
B	漁業	L	学術研究、専門・技術サービス業
C	鉱業、採石業、砂利採取業	M	宿泊業、飲食サービス業
D	建設業	N	生活関連サービス業、娯楽業
E	製造業	O	教育、学習支援業
F	電気・ガス・熱供給・水道業	P	医療、福祉
G	情報通信業	Q	複合サービス事業
H	運輸業、郵便業	R	サービス業（他に分類されないもの）
I	卸売業・小売業	S	公務（他に分類されるものを除く）
J	金融業・保険業	T	分類不能の産業

このように、各企業は、利益を上げることを目的に、様々な事業活動を行っています。例えば、製造業に分類される食品の製造メーカーは、商品の企画・開発を行い、原材料を仕入れて商品を製造し、製造した商品を取引先に販売して利益を上げます。これらの各業務については、それぞれ、商品企画・開発部門、仕入部門、製造部門、販売部門がそれぞれ担当しているでしょう。また、小売業者に分類されるインターネット通信販売業者は、商品の企画や販売のためのウェブサイトを制作し、商品を仕入れ、ウェブサイト上で販売して利益を上げます。これらの各業務については、商品企画部門、ウェブサイトの制作部門、仕入部門、サイト運営部門がそれぞれ担当しているでしょう。

　これら一連の活動が、まさに企業活動の核となる事業活動です。とはいえ、企業の活動は、これら核となる事業活動に限られるわけではありません。

　企業が事業活動を行うためには、まず、資金を調達する必要があります。資金を調達する方法としてまず思い浮かぶのは、銀行からお金を借りるという方法でしょう。その他にも、株式会社が株式を発行して資金を調達するといった方法もあります。資金調達の業務については、創業時は経営者が担当するケースがほとんどだと思いますが、企業規模が大きくなれば財務部門や経営企画部門が経理部門と連携して担当しているケースが多いと思います。

　様々な方法で資金を調達しても、お金があるだけでは事業活動はできません。どのような企業であっても、業務を行う場所が必要となるので、まずはオフィスを準備する必要があるでしょう。オフィスを準備する方法としては、通常は賃貸の方法が多いと思われますが、お金を出してオフィスを購入するという方法もあります。事業活動によっては、オフィスだけでなく、工場や倉庫を準備する必要がある場合もあるでしょう。オフィスの準備が整ったとして、今の時代、パソコンやネットワーク環境は仕事をするのに必須なので、パソコンを購入したり、ネットワーク関連のサービス

を利用する必要もあります。その他にも、机や椅子、様々な備品も購入する必要があります。これらの働く環境を整えるための業務については、社内インフラの担当部門や総務部門が担当しているケースが多いでしょう。

また、一人でも回せるような事業であれば必要ありませんが、業務量が増えて仕事が回らなくなったり、専門的な知識や技能が必要な業務が発生する場合には、人を雇用して組織の一員として働いてもらったり、外部の専門業者に仕事を委託する必要も出てきます。そのためには、人材の採用や、外部の専門業者との連携も必要になります。人材の採用については人事部門が担当し、外部の専門業者については各部門で探して仕事を依頼するケースが多いのではないかと思います。

ところで、これらの活動が問題なく進めばいいのですが、企業活動にトラブルはつきものです。たとえば、取引トラブルへの対応については取引を実行した各部門、債権回収については財務経理部門、労務トラブルについては人事労務部門が担当することが多いでしょう。法務部門がある企業では、法務部門もこれらの対処にかかわるケースも多いと思います。

(2) 民法と事業活動・業務との関係

このように、企業は様々な活動を組織的に行って、それぞれの事業を行っているわけですが、これらの活動をする際には、様々な主体との間で様々な取引が必要になります。この他社との取引は、まさに「契約」です。契約に関する基本的なルールは、民法に定められているものです。

また、契約によって約束した代金の支払いがされなかった場合に代金を回収する手段の内容や、仕入れた商品や外部に委託した仕事に問題があったりした場合の金銭的な賠償や契約の解消に関するルールについても民法に定められています。

したがって、企業の活動のあらゆる場面に民法がかかわっており、民法と無縁の事業活動や業務、部門はないといっても過言ではないでしょう。

【民法と事業活動・業務との関係（インターネット通信販売事業のケース）】

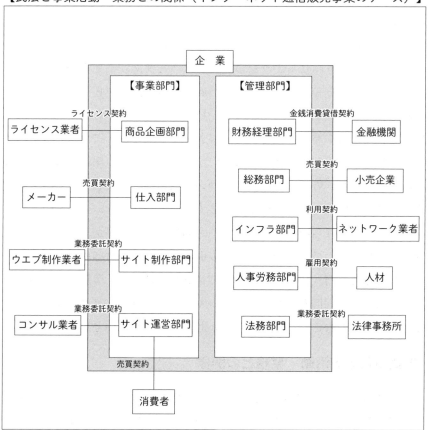

3 民法（債権法）改正が及ぼす事業活動・業務への影響

(1)民法（債権法）改正

　2017年5月26日に民法の一部を改正する法律（平成29年法律第44号）が国会で成立し、同年6月2日に公布され、2020年4月1日から施行されました。今回の改正は、主に債権法を対象とするもので、民法が制定された1896年以来の大改正です。今回の改正の主な目的は次の二つにあるとされています。

　一つ目は、民法制定以来の社会・経済の変化への対応を図ることです。民法が制定されたのは約120年前です。120年前と現在とでは、民法のルールが前提としている社会・経済の在り方が大きく変化しています。通信手段一つをとっても民法制定時には存在しなかった携帯電話やインターネットが存在するため、当事者間の意思表示の到達の確実性や速度は飛躍的に向上しているといえます。また、国際的な取引もより活発に行われているため、民法のルールを国際的なルールと整合させる必要性も制定当時に比べて高まっています。このような社会・経済の在り方の変化にあわせて、民法のルールを改正する必要性が出てきたことが、改正の大きな理由の一つです。

　二つ目は、民法を国民にわかりやすいものとすることです。改正前の民法で使用されている用語には一般的にわかりづらいものがありました。また、当然の前提と考えられている原則について条文に書かれていないものもありました。その他、改正前の民法の下における判例・学説上確立したルールについても、条文に書かれていないものが多数あり、国民にはわかりづらいという事情がありました。そこで、わかりづらい用語をわかりやすい用語に改め、条文に書かれていない原則や判例学説上確立したルール

を明文化して、民法を国民にとってわかりやすいものとすることが、改正の目的の一つとされたのです。

(2) 経過措置

改正民法は2020年4月1日から施行されましたが、具体的なケースにおいて、改正前の民法と改正後の民法のいずれが適用されるかという問題があります。この問題については、改正民法附則が定める経過措置において、改正前の民法と改正後の民法のいずれが適用されるかについてのルールが定められています。実務上の問題を検討する際には、この経過措置についても、注意する必要があります。

(3) 事業活動・業務への影響

改正民法で改正された内容の中には、改正前の民法でのルールを明文化したにすぎないものもあり、このようなルールの適用が問題となる場合には、実務への影響は小さいと考えられます。一方で、改正前の民法下のルールが変更されたものについては、事業活動や業務に直接影響する可能性が高いため、特に注意が必要です。

「2　民法と企業の事業活動・業務との関係」で述べたとおり、企業は商品やサービスの販売、それに付随する仕入れなどといった核となる事業活動だけでなく、資金調達のために必要な活動、事業活動の場を確保するために必要なオフィスや倉庫の賃貸、事業活動を担う人的リソースを確保するための活動、取引トラブルや労務トラブルへの対応といった様々な活動を行っています。

そこで、第2章以下では、まず、契約締結や利用規約の作成、契約上のトラブルへの対応といった「契約業務」に焦点をあてて、民法改正の事業活動への影響を説明します（第2章）。次に、「仕入れ・販売」「他社への業務委託」「物（事務所など）の貸し借り」「従業員の雇用管理」といった

個別の契約類型ごとに、民法改正の事業活動への影響を説明します（第3章）。その後、「金銭の借入れ」「金銭債務の保証」「金銭債務の担保」といった資金調達に関連する活動について、民法改正の影響を説明します（第4章）。最後に、債権の管理や回収に関連する業務について、民法改正の影響を説明します（第5章）。

第 2 章

契約業務への影響

第2章では、契約業務に対して、民法改正がどのような影響を及ぼすかについて、事例形式で解説します。

1.「契約の締結」と民法改正

第1節では、契約の締結業務に対して、民法改正がどのような影響を及ぼすかについて、具体的な事例をもとに解説しています。改正民法では、意思能力や契約の成立に関する規定が整備されました（事例1～2）。また、錯誤や代理に関する判例法理が明文化されるなどの改正がなされています（事例3～6）。なお、「意思能力」「行為能力」については、Columnで解説しています。

2.「利用規約などの定型的約款」と民法改正

第2節では、利用規約などの定型約款への民法改正の影響を、具体的な事例をもとに解説しています。改正民法では、新たに定型約款に関する規定が置かれたため、実務への影響が大きい分野といえます（事例7～9）。

3.「契約トラブル対応」と民法改正

第3節では、契約に関して発生したトラブルへの対応に、民法改正がどのような影響を及ぼすかについて、具体的な事例をもとに解説しています（事例10～19）。改正民法では、契約の解除について、債務者の帰責事由が不要される、催告解除・無催告解除の要件が整理されるなど重要な改正がなされています。

1 『契約の締結』と民法改正

契約の成立時期と意思能力

事例1≫

　私は、自動車販売業を個人で営んでいるXの妻Aです。Xは、同じく自動車販売業を営んでいるY社から自動車を購入する商談を進めており、2020年4月10日にY社が署名捺印した購入契約書を受領しました。その後、Xは、この購入契約書に署名捺印し、同年4月12日午前中にY社に対して郵送しています。この購入契約書は、同年4月13日にY社に到着したようです。

　また、Xは、Zに自動車を販売する商談も進めており、同年4月10日にXが署名捺印した販売契約書を来店したZに渡していました。Zは、その場で購入の決断はせずに、一度持ち帰り、検討した上で、契約書を返送するとのことでした。その後、Zが署名捺印した販売契約書が、同年4月13日にXのもとへ届きました。その消印を見ると同年4月12日の午前となってました。

　しかし、実はXは、同年4月12日の午後に交通事故に遭ってしまい、意識不明の重体となっている状態です。

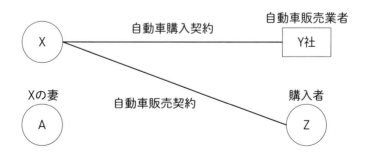

2020年 4月10日	4月12日 (午前)	4月12日 (午後)	4月13日
【購入契約書】 XがY社の署名 捺印入りの契約 書を受領	【購入契約書】 Xが署名捺印し てY社に発送	Xが交通事故 に遭う	【購入契約書】 Y社に到着
【販売契約書】 Xが署名捺印し てZに渡す	【販売契約書】 Zが署名捺印し てXに発送		【販売契約書】 Xに到着

Q

① Y社との間の自動車購入契約は成立しており、Xは代金の支払義務を負うのでしょうか？

② Zとの間の自動車販売契約は成立しており、Xは自動車の引渡義務を負うのでしょうか？

③ Zとの間の自動車販売契約について、Xがその後意識を取り戻した場合、結論は異なるのでしょうか？

④ Zとの間の自動車販売契約について、AがXの成年後見人に就任した場合、結論は異なるのでしょうか？

A

① Xは代金の支払義務を負うと考えられます。

② Xは自動車の引渡義務を負わないと考えられます。

③ Zとの間の自動車販売の契約が成立することになります。

④ Zとの間の自動車販売の契約が成立することになります。

解説 契約の成立には、申込の意思表示と承諾の意思表示の合致が必要となります。そして、各意思表示が効力を生じるのは、その通知が相手方に到達した時とされています（改正民法97条1項）。つまり、契約の成立には、申込の意思表示の相手方への到達と相手方からのそれに応じた承諾の

意思表示の到達が必要であり、承諾の意思表示が到達した時に契約が成立することとなります。なお、意思表示の「到達」の詳細については、事例13（74ページ）をご覧ください。

　契約の締結自体は、当事者同士が直接会わずに書面などでやり取りすることも実務上は多いと思います。本事例においては、「自動車購入契約におけるY社に対するXの承諾の意思表示」と「自動車販売の契約におけるXに対するZの承諾の意思表示」はそれぞれ到達していますので各契約は成立していると考えるのが原則です。しかし、各承諾の意思表示が到達する前にXは、交通事故により意思能力を喪失しています。このような場合、意思表示の効力はどうなるのかという問題があります。以下、具体的に解説します。

　なお、「意思能力」や「行為能力」については、「Column　契約をする能力（意思能力と行為能力）とは？」（32ページ）をご参照下さい。

1. Q①〜自動車購入契約の成立について

　Xは、Y社の署名捺印のある購入契約書を受領しており、すでにY社の申込の意思表示の到達がある状態です。一方で、Xが署名捺印の上、この購入契約書を発送したことは、承諾の意思表示にあたります。しかし、承諾の意思表示の表意者であるXは、その意思表示が申込者であるY社に到達する前に、交通事故により意思能力を喪失しています。

　改正民法では、意思表示の表意者が意思表示後に意思能力を失った場合でも、意思表示の効力は失われないとされています（改正民法97条3項）。つまり、Xが購入契約書を発送した時点で、Xは意思能力を有していたのであるから、Xの承諾の意思表示の効力は失われないことになります。したがって、この場合には、XとY社との間の自動車購入の契約は成立していると考えられますので、Xは代金の支払義務を負っている状態となります。

2. Q②〜自動車販売契約の成立について

　Xは、Zに対して署名捺印してある販売契約書を渡しており、すでにXの申込の意思表示が到達している状態です。一方で、Zが署名捺印の上、この販売契約書を発送したことは、承諾の意思表示にあたります。しかし、Zの承諾の意思表示が申込者であるXに到達する前に、Xは交通事故により意思能力を喪失しています。

　改正民法では、意思表示の相手方がその受領時に意思能力を失っていた場合には、表意者の意思表示の効力を受領者に対抗することができないとされています（改正民法98条の２）。つまり、Zが発送した販売契約書がXに到達する前に、Xは意思能力を失っているので、ZはXに対して承諾の意思表示の効力を対抗することができず、Xは、自動車の引渡義務を負いません。

3. Q③〜Xが意識を取り戻した場合について

　改正民法では、意思能力を失った者が、その後に意思能力を回復し、相手方の意思表示を知った場合には、例外的に、表意者の意思表示の効力を受領者に対抗できることとされています（改正民法98条の２第２号）つまり、Xが意識を取り戻して意思能力が回復して、Zから販売契約書が返送されたことを知った後は、Q②の結論と異なり、ZはXに対して承諾の意思表示の効力を対抗することができます。したがって、この場合には、Xは自動車の引渡義務を負うこととなります。

4. Q④〜Xの成年後見人にXの妻Aが就任した場合

　改正民法では、意思能力を失った者に法定代理人が就任し、法定代理人が相手方の意思表示を知った場合には、例外的に、表意者の意思表示の効力を受領者に対抗できるとされています（改正民法98条の２第１号）つまり、Xの妻Aが成年後見人となり、Zから販売契約書が返送されたことを

知った後は、Q②の結論と異なり、ZはXに対して承諾の意思表示の効力を対抗することができます。したがって、この場合には、Xは自動車の引渡義務を負うこととなります。

【旧民法の場合と適用関係】

　旧民法は、意思表示の効力について、意思表示の表意者が、意思表示をした後に死亡した場合や行為能力を喪失した場合、意思表示の効力は失われないと規定していました（旧民法97条2項）。しかし、今回のXとY社の自動車購入契約のように、Xが、購入契約書をY社に対して発送して承諾の意思表示をした後に、意思能力を喪失しても、後見開始の審判がなされていない場合では行為能力は喪失されておらず、Xの意思表示の効力が有効かどうか明文上明らかではない状態でした。この点、改正民法は、意思表示の表意者が意思表示後に意思能力を失った場合でも、意思表示の効力は失われないことを明確にしました（改正民法97条3項）。

　また、契約の申込に対する承諾の場面では、旧民法は「発信主義」といって、承諾の意思表示を発信した時に契約が成立するという規定がありました（旧民法526条）。しかし、今回のXとZの自動車販売契約のように、Zが販売契約書をXに対して発送して承諾の意思表示をしたところ、Xが受領前に意思能力を喪失してしまったという場面では、Zが販売契約書を発送時点で契約が成立したという見方や、Xが受領できないためやはり承諾の効力は生じないという見方もあり、明確な状態ではありませんでした。この点、改正民法は、承諾についての「発信主義」を撤廃して、意思表示の相手方がその受領時に意思能力を失っていた場合は、表意者の意思表示の効力を受領者に対抗することができないことを明確にしました（改正民法98条の2）。

　さらに、旧民法では、意思能力を失った者がその後に意思能力を回復し

た場合（Q③のケース）や意思能力を失った者に法定代理人が就任した場合（Q④のケース）に、意思表示が対抗できるか明記されていなかったのですが、改正民法ではこの点についても明確にされました（改正民法98条の2第2号）。

改正民法と旧民法の適用関係について、改正民法97条3項については、施行日前に通知が発送された意思表示ついては、なお従前の例によるとされています（改正民法附則6条2項）。本事例では、Xが購入契約書を発送した時点が2020年4月1日以降のため、改正民法が適用されます。また、改正民法98条の2については、施行日前にされた意思表示については、従前の例によるとされています（改正民法附則6条1項）。本事例では、2020年4月1日以降にZが販売契約書を発送しているため、改正民法が適用されることになります。

認知症が疑われる人との契約

事例2≫ 　当社（X社）は、土地や中古住宅を購入し、リノベーションを施してから販売する不動産事業を営んでいる会社です。現在、高齢の夫婦から自宅として居住している郊外の中古住宅を購入する商談を進めています。その夫婦は、将来のことを考え、都心に住む長男家族の近くにマンションを購入することを計画しているようで、自宅の売却に非常に前向きです。しかし、気になるのが、ご主人Yが何度も同じ質問をすることがあり、認知症が疑われる状態です。念のため、成年被後見人となっていないか確認しましたが、成年後見制度は利用していないということです。

Q ① 　X社は、このままYとの間の不動産の購入契約を締結してしまって問題ないでしょうか？

② 　Yから購入を予定している住宅については、すでにAが購入に興味を持っています。仮にYと購入契約を締結した後、Aが購入を取りやめた場合、X社はYの認知症を理由としてYとの購入契約を取消すことはできるでしょうか？

A ① 　Yとの不動産の購入契約は、意思無能力により無効とされるリスクがあります。

② 　X社から、Yの意思無能力を理由に無効を主張することができないと考えられます。

解説 　本事例では、自宅の売却を希望しているYに認知症が疑われるため、仮に認知症であり意思能力を欠いていたと判断された場合の契約の効

力が問題になります。

　改正民法では、「法律行為の当事者が意思表示をしたときに意思能力を有しなかったときは、その法律行為は、無効とする」という規定があります（改正民法３条の２）。

　意思能力とは、契約などの法律行為について有効に意思表示する能力のことをいい、意思能力を有していない者とは、例えば、幼児、認知症の方、知的障害・精神障害の方、泥酔者などが該当するとされています。

　しかし、認知症といっても症状には軽重があり、どの程度症状が進行している状態であれば意思能力を有していないと判断されるのか、改正民法では明文化されていません。これまでの裁判例などでは、当事者の一般的な生活上の認識・判断能力だけでなく、自己の行為の法的な結果を認識・判断する能力を加味して判断しています。このため、契約の難易度や重要度によって、意思能力を有しているかどうか、判断の結論が異なってきます。

1. Q①〜認知症が疑われる人との契約締結

　Q①は、不動産売買という高額な取引である上、現状、居住している不動産の売却ですので、通常の契約よりも難易度や重要度が高いと考えられます。このため、Yが認知症であった場合には、意思無能力ということで購入契約が無効となるリスクがあります。

　認知症の可能性がある場合には、成年後見の申立手続をするなどの法的制度を利用して契約締結する方法が考えられます。ただし、成年後見人は、成年被後見人の法定代理人として売買契約を行う代理権限がありますが、成年被後見人の自宅の売却については、家庭裁判所の事前の個別の許可が必要となります（民法859条の３）。本件事例では、裁判所が許可しない可能性がありますが、無効とされるリスクが高い類型の取引であるため、しっかりと手続を踏んだ方がよいと思われます。

2. Q②～認知症の人と契約をした側からの無効主張等は認めれるのか？

　Q②は、意思無能力者による法律行為の無効は、誰が主張できるのかという問題です。改正民法では、意思無能力者による法律行為の無効を主張できる者について、明文化されていません。

　しかし、意思能力の規定は、意思無能力者を保護するためのものであり、取引の相手方を利するための制度ではないため、意思能力を欠く者の側からしか主張できないとする考えが通説となっています（相対的無効）。この通説の考えによれば、X社から、Yの意思無能力を理由に不動産の購入契約の無効を主張することができないと考えられます。

【旧民法の場合と適用関係】

　旧民法は、未成年者や成年後見人などの行為能力については規定されていましたが、意思能力に関する規定は明記されていませんでした。

　もっとも、古くからの判例により、意思能力を欠く状態でされた法律行為の効力は無効であると解されており、意思能力は確立された判例法理と理解されていました。日本社会の高齢化が急速に進むなか、今後も高齢者が当事者となる取引トラブルの増加が予想されます。このような事態に対応するため、改正民法では意思能力に関して明文で規定され、明確にされました。

　改正民法と旧民法の適用関係は、施行日前になされた意思表示には適用しないとされています（改正民法附則2条）。本事例では、購入契約が2020年4月1日以降であれば、改正民法が適用されます。ただし、旧民法下でも同様の解釈がとられていたことから、実務に影響はないものと考えられます。

契約をする能力（意思能力と行為能力）とは？

　意思能力とは、契約などの法律行為について有効に意思表示する能力のことをいい、具体的には意思表示などの法律上の判断において自己の行為の結果を判断することができる精神的な能力のことをいいます。私的自治の原則を基本として構成される私法上の法律関係においては、その行為が自らの自由な意思決定に基づくものであることが根拠となっています。そして、自由な意思決定の前提として、行為者に自己の行為の結果を判断することができるだけの精神的能力が備わっていることが必要と考えられています。

　意思能力の有無は、問題となる行為ごとに個別に判断されます。一般的には、7歳～10歳未満の子供や泥酔者、重い精神病や認知症にある者には、意思能力がないとされています。

　これまで意思能力は民法などに明文化されていませんでしたが、古くからの判例により、意思能力を欠く状態でされた法律行為の効力は無効であると解されていました。今回の民法改正では意思能力について新設されましたが、このようなこれまで当然とされていたルールについて条文でわかりやすくすることも今回の民法改正の目的となっています。

　行為能力とは、単独で有効に法律行為をなし得る地位または資格のことをいいます。意思能力を欠く者による法律行為は無効とされますが、後で意思能力を欠いていたことを証明することは容易ではありません。また、意思能力の有無は事前に判断できないので、後で法律行為が無効とされると、その相手方は不測の損害を被ります。このため、行為能力の制度は、意思能力を欠く者を保護するとともに、意思能力の有無が個別に判断され

ることから生じる不都合を回避して取引の安全を確保するために設けられています。

　行為能力を欠く者、または制限される者のことを制限行為能力者といい、その原因や程度により、未成年者、成年被後見人、被保佐人、被補助人と類型化して、これらの者には、親権者（または未成年後見人）、成年後見人、保佐人、補助人などが制限行為能力者を保護する者が付されます。そして、行為能力を欠く者が一定の財産行為につき単独でなした法律行為は，画一的に取消すことができるとしています。

　なお、婚姻、認知、縁組など、一定の身分法上の法律行為については、制限行為能力者であっても単独でこれをなすことができます。これは、身分上の法律行為は本人の意思を尊重すべき要請が強いと考えられているからです。

動機の錯誤による取消しと第三者との関係

事例3≫

当社（X社）の社長は、絵画などに目がなく、有名な画家が描いたものをみつけると、当社で購入し、応接室などに飾っています。以前、絵画のコレクターであるAが応接室にきた際に、絵画甲は、レプリカであるとの指摘を受けました。当社は、この絵画を本物だと信じ、400万円で購入していました。

社長はとてもがっかりし、当時、社長と付き合いが深かったYにその話をしたところ、Yから、骨董価値ではなく、絵画甲の絵自体が気にいっているためレプリカであっても売って欲しいとの打診を受けたようです。その後、Yへの売却の話が進み、当社が購入した10分の1である40万円で売却しました。

それからしばらくたって、社長とYの付き合いはなくなりましたが、社長が経営者仲間から、Yが絵画甲を500万円でZに売却したとの話を聞いて激怒しており、当社で調査したところ事実のようです。

ただし、Yは、当社との売買契約当時、当社と同様、絵画甲がレプリカであると勘違いしており、その後の鑑定により本物であることを知ったようです。

① 絵画甲が本物であった場合、X社は、レプリカであるとの勘違いにより、絵画甲を売却したことを理由として、X社とYの売買契約を取消すことが可能でしょうか？

② X社とYとの契約の取消しが可能な場合には、Zに対して、絵画甲を返還するように請求できるでしょうか？

A

① X社は、Yとの売買契約を取消すことができると考えられます。

② X社は、ZがX社に錯誤があったことについて、知らなかった（善意）かつ知らなかったことに過失がなかった（無過失）場合には、Zに対して、絵画甲を返還するように請求することができません。

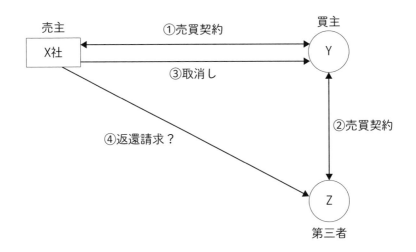

解説

1. 錯誤による取消しの可否〜①X社とYの売買の取消しについて〜

　本事例において、X社は、絵画甲がレプリカであると勘違いをして、Yに対して絵画甲を売却しています。この勘違いがいわゆる「錯誤」（改正民法95条1項）として、X社はYとの売買契約を取消すことができるのかが問題となります。

（1）取消し得る錯誤の条件

a. 表示行為の錯誤と動機の錯誤

　改正民法95条1項は、錯誤の類型として以下の二つを定めています。

> 「意思表示に対応する意思を欠く錯誤」
> 「表意者が法律行為の基礎とした事情についてのその認識が真実に反する錯誤」

　前者は表示行為の錯誤、後者は動機の錯誤といわれているものです。

　本事例では、X社は、絵画甲を売却するという意思とその表示行為自体は一致していますので、表示行為の錯誤とはなりません。一方で、X社は、絵画甲がレプリカであると勘違いしたからこそ、絵画甲を売却しており、絵画甲が本物であるとすると法律行為の基礎とした事情（動機）についての認識が真実に反することになるため、動機の錯誤に該当します。

b. 錯誤の重要性

　錯誤に基づく意思表示の取消しが認められるには、単に錯誤があればよいというものではなく、その錯誤が「法律行為の目的及び取引上の社会通念に照らして重要なもの」（同条1項柱書）であるときに限られています。「重要なもの」といえるためには、当該錯誤がなければ表意者はその意思表示をしなかったこと（主観的因果性）かつ通常一般人も、その意思表示をしなかったといえる程度に重要であること（客観的重要性）が必要です。

　本事例において、表意者であるX社は、レプリカでなく本物であれば、そもそも売却しなかった可能性が高く、少なくとも400万円で購入した絵画甲を40万円で売却することはなかったといえるでしょう。また、通常一般人も本物の高級絵画と知っていれば、レプリカとして1／10以下の価額で売却したりはしないことから、客観的重要性も認められると考えられます。

c. 動機の表示

表示行為の錯誤と異なり、動機の錯誤に基づく意思表示を取消すために
は、さらに「その事情が法律行為の基礎とされていることが表示されてい
た」（同条2項）ことが必要です。

X社は、Yに対して、本物ではなくレプリカであると表示しており、Y
からもレプリカであっても売って欲しい旨伝えられていることからして
も、この要件を満たすと考えてよいでしょう。

(2) 表意者X社に重大な過失がある場合とその例外

前述の(1)の取消し得る錯誤の条件を満たしたとしても、表意者に重大
な過失があった場合には、意思表示を取消すことができないとされていま
す（同条3項柱書）。ただし、改正民法は、表意者に重大な過失があったと
しても、例外的に取消しが認めれる場合についても定めています。

a. 表意者X社の重大な過失

重大な過失とは、通常の注意をしていれば錯誤に陥ることはなかったに
もかかわらず、不注意の程度が著しい状態であったために錯誤に陥ったこ
とをいいます。表意者に重大な不注意がある場合にまで、意思表示の相手
方の犠牲のもと、表意者を保護をするのは適切ではないという考えに基づ
くものです。

本事例の事情だけでは、必ずしも明らかではありませんが、X社は一
度、本物であることを前提に購入した絵画甲を、コレクターに過ぎないA
にレプリカであると指摘されただけで、錯誤に陥っています。高級絵画が
本物かレプリカかという問題は、難しい専門的な判断が必要な事項であ
り、絵画鑑定の専門家などによる確認・鑑定を受けることなく、Aの言葉
を鵜呑みにした点などからすると、不注意の程度が著しい状態として、重
大な過失があると評価されるおそれがあると考えられます。

b. 例外

ただし、前述のとおり、改正民法は、表意者に重大な過失があるとして
も、以下の場合には、その例外として、取消しを認めています。以下のよ
うな相手方に対しては、取消しを認めたとしても、相手方の犠牲は小さい
という考えに基づくものです。

・相手方が表意者に錯誤があることを知り、又は重大な過失によって知ら
なかったとき（同条3項1号）
または
・相手方が表意者と同一の錯誤に陥っていたとき（同条3項2号）

本事例において、Yは、X社とYとの売買契約当時、X社と同様に、絵
画甲がレプリカであるとの錯誤に陥っていたため、Xに重大な過失があっ
たとしても、Xによる売買契約の取消しが認められます。

(3) 結論

以上から、本事例においては、X社は、Yとの売買契約を取消すことが
できると考えられます。

2. 錯誤による取消しと第三者との関係～②X社のZに対する返還請求～

X社がYとの売買契約を取消したとしても、Yは、既にZに対して、絵画
甲を売却してしまっています。この場合、X社は、X社とYの契約が取消
されたことを理由に、Zに対して、絵画甲を返還するように請求できるの
かが問題となります。

この点について、改正民法は、錯誤による意思表示の取消しは、善意で
かつ過失がない第三者に対抗することができないとしています（改正民法

95条4項）。つまり、ZがX社に錯誤があったことについて、知らなかった
かつ知らなかったことに過失がなかった場合には、X社は、Zに対して、
絵画甲を返還するように請求することはできません。

【旧民法の場合と適用関係】

　旧民法95条では、「意思表示は、法律行為の要素に錯誤があったときは、
無効とする。」とのみ規定されていたことから、「要素」の意義や動機の錯
誤の要件を中心に解釈が争われ、多くの裁判例によりその判断が示されて
きました。また、錯誤の効果が無効とされていたことや第三者保護規定が
なかったことにつき、問題視されていました。

　そこで今回の改正では、これまでの判例法理を明文化し、錯誤の要件を
明らかにするとともに、錯誤の効果を取消しとし、第三者保護規定を設け
る等により、解決を図りました。

　なお、改正民法の施行日である2020年4月1日より前の意思表示につい
ては旧民法が、改正日以後の意思表示については改正民法が適用されます。

代理人がさらに代理人を選任（復代理）した場合の責任追及

当社（X社）は、自動車を販売している会社で、代表者である私と妻のみが業務を行っており、他に従業員はいません。私は、自動車の業者オークションに行き、自動車（甲）を購入しました。代金の支払と引渡しは2週間後とされていましたが、その日は妻と海外旅行に行く予定があったため、友人であるYに報酬を支払い、代金の支払及び引取りを委任しました。

引取日当日、Yから私に、Yが交通事故に遭って引取りに行けなくなってしまったため、Yの知人であるAに代わりに受け取ってもらってもよいかとの連絡がありました。私は、Aに運転免許があり問題なく運転ができることをYに確認したうえ、AがYの代理人となることを承諾しました。

ところが、Aは甲を引取り、当社まで甲を運転して運ぶ途中、前方不注意で甲を電信柱にぶつけてしまうという事故を起こしました。

Aの事故によって、当社は、甲を他社に販売することができなくなってしまったため、Aに損害の賠償を請求しましたが、Aにはその資金がないとのことでした。

Q X社は、Yに対し、Aの事故によって被った自動車（甲）の損害について請求することができるでしょうか？

A X社は、Yに特段の免責事由があるときを除き、Yに対して損害賠償を請求することができます。

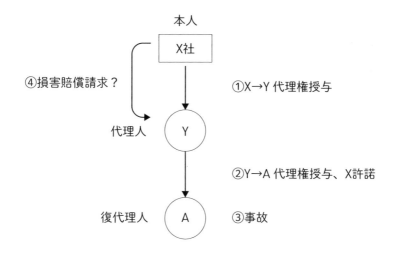

本人

X社

④損害賠償請求？　①X→Y 代理権授与

代理人　　　Y

②Y→A 代理権授与、X許諾

復代理人　　A　　③事故

解説　本事例において、Yは、X社の代理人をしていましたが、交通事
故で引取りに行けないというやむを得ない事由が発生してしまったため
に、X社の許諾を得て、Aを復代理人に選任しています。AがX社に損害
を負わせた場合に、AがX社に対して不法行為責任を負うのは当然です
が、Aを復代理人としたこと以外に非がないYに対しても損害の賠償を請
求できるのかが問題となります。

1.　旧民法のルール

　旧民法105条1項では、「代理人は、前条の規定（筆者注・委任による代
理人は、本人の許諾を得たとき、又はやむを得ない事由があるときでなければ、
復代理人を選任することができないという規定）により復代理人を選任した
ときは、その選任及び監督について、本人に対してその責任を負う。」と
されていました。これを言い換えると、復代理人の選任及び監督について
注意を怠っていなければ、本人に対して責任を負わないとされていまし
た。

　旧民法の上記規定は、復代理人を選任する要件が「本人の許諾を得たと

き、又はやむを得ない事由があるとき」と厳格に定められていたことから、復代理人を選任した場合の代理人の責任を軽減していたものです。しかし、委任契約における債務不履行は契約の趣旨や目的に従って個別に判断されるものであり、条文によって一律に決められるべきものではないという批判がありました。

2. 改正民法のルール

そこで、改正民法では、旧民法の上記規定を削除し、債務不履行の一般原則に従って判断されることになりました。

そのため、Yは、自動車をX社に運ぶという債務の不履行が、「契約その他の債務の発生原因及び取引上の社会通念に照らして債務者の責めに帰することができない事由」（改正民法415条1項但書）がない限り、X社に対して、債務不履行に基づく損害賠償責任を負うことになります。

なお、「責めに帰することができない事由」は、「契約その他の債務の発生原因及び取引上の社会通念に照らし」て個別に判断されるものですが、本問のような事例では、事故がAの不注意によるものでない場合（例：停車中の追突）には、「責めに帰することができない事由」があるものと考えます。

> 【旧民法の場合と適用関係】
> 　旧民法の規律は前述「1」のとおりです。
> 　改正民法（旧民法の規定の削除）は、代理権の発生原因が生じた日が施行日以降であった場合に適用されますので（改正民法附則7条1項）、X社がYに代理権を授与した日（委任契約を締結した日）が2020年4月1日より前か否かで、旧法の適用か新法の適用かが変わります。

代理人の利益相反規制と無権代理人の責任

事例5≫
　私（X）は、個人事業主として、所有する不動産の販売・賃貸管理をしております。もっとも、販売については経験に乏しかったため、知り合いで不動産販売業を営んでいるAに不動産の販売・処分に関する代理権を与えていました。

　そうしたところ、不動産会社であるY社から、Aに1,000万円を貸し付けるに際して、Aが私の代理人となり、私の土地に抵当権を設定する内容の契約を締結しているため、登記に必要な資料をもらいたいとの連絡がありました。

　私は上記のような事実をAから一切知らされておらず、寝耳に水の話でしたので、Aに連絡をとろうとしましたが、今のところ連絡がとれていません。今考えてみれば、他人であるAに代理権を与えていたのが間違いでしたが、Aのことを信用していたからこそ、代理権を与えて仕事を任せていたのであり、無断で抵当権を設定されることには納得いきません。

Q Xは、Y社に対し、抵当権設定契約の無効を主張できるでしょうか？

A Xは、Y社に対して抵当権設定契約の無効を主張することができます。

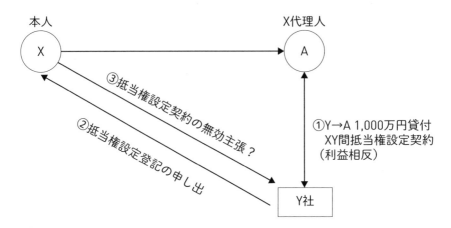

解説　本事例では、Aが1,000万円の借入れにより利益を得る一方、X
は自己の所有する土地に抵当権を設定されるという不利益を被るので、A
の利益とXの利益が相反しており、いわゆる代理人の利益相反行為が問題
となります。

1. 利益相反行為の規制
　改正民法では、利益相反行為について、以下の規定を設けています。

改正民法第108条

1　同一の法律行為について、代理人として、又は当事者双方の代理人と
　　してした行為は、代理権を有しない者がした行為とみなす。ただし、債
　　務の履行及び本人があらかじめ許諾した行為については、この限りでな
　　い。
2　前項本文に規定するもののほか、代理人と本人との利益が相反する行
　　為については、代理権を有しない者がした行為とみなす。ただし、本人
　　があらかじめ許諾した行為については、この限りでない。

改正民法108条1項は、利益相反の典型例である自己取引（自己との契約について相手方を代理すること）や双方代理（当事者双方の代理を行うこと）について、債務の履行及び本人があらかじめ許諾をしていない限り、無権代理とみなすことを定めています。

　同条2項は、1項に該当しなくても利益相反行為に該当する場合には、本人があらかじめ許諾をしていない限り、無権代理とみなすことを定めています。

　2項の利益相反行為がどのような行為を指すのかについて、条文では定義していませんが、代理行為を「外形的客観的に」判断して代理人と本人の利益が相反するのであれば、利益相反行為に該当すると考えられています（旧民法826条における利益相反行為について、最判昭和42年4月18日民集21巻3号671頁）。

2. 無権代理となった場合の効果

　無権代理となる場合、無権代理人は自己の代理権を証明したとき、又は本人の追認を得たときを除き、履行又は損害賠償の責任を負います（改正民法117条1項）。

　例外として、①取引の相手方が無権代理であることを知っていたとき、又は②知らなかったことについて過失があるとき（ただし、無権代理人が自己に代理権がないことを知っていたときを除く）は無権代理人でも責任を負いません。

3. 本事例へのあてはめ

　本事例では、Aが自己の債務を被担保債権としてXの土地に抵当権を設定する契約を締結しているため、外形的客観的にXが不利益を被り、Aが利益を得る関係になるので、利益相反行為に該当します。

　そのため、Xからの事前の許諾がない限り、抵当権設定契約が無権代理

とみなされます。

　したがって、Xは、抵当権設定契約の無効を主張することができます。

【旧民法の場合と適用関係】

　旧民法は、自己取引や双方代理についての規定はありましたが、それ以外の利益相反取引についての規定はなく、判例上認められているに過ぎませんでした。

　また、無権代理人の責任について、取引の相手方が無権代理であることを知らなかったことについて過失があるときは、無権代理人が自己に代理権がないことを知っていたときでも、無権代理人は責任を負わないとされていました。

　そのため、旧民法下では、本事例において、Aが無権代理行為をした場合に、Y社が無権代理であることを知らなかったことについて過失があるときは、Aに対して損害賠償請求をできない可能性がありました。改正民法では、無権代理であった場合でも、Aが自己の債務を担保するためにXの土地に抵当権を設定することに関して自己に代理権がないことを知っているといえるので、無権代理人として責任を負うことになります。

　改正民法と旧民法の適用関係は、無権代理行為が施行日（2020年4月1日）以降であった場合に、改正民法が適用されます（改正民法附則7条2項）。ただし、旧民法下でも同様の解釈がとられていたことから、実務に影響はないものと考えられます。

有効な代理権限を有しない人との取引における
従来の判例法理の明文化

事例6≫

当社（X社）は、Aが代表取締役を務めるアパレルの会社です。従業員であったAの息子Bが独立して別会社（甲社）を経営することになりました。X社も、Bの独立を応援するため、X社の取引先にBが甲社を設立して独立するため、X社と変わらぬご厚意を賜れるようお願いする旨のご連絡を送付していました。

X社の取引先であるY社は、Bを支援するため、甲社との間で金銭消費貸借契約を締結しようとしましたが、独立したばかりの会社に信用がないため、X社の連帯保証契約がない限り契約を締結することができない旨をX社及び甲社に伝えました。

そうしたところ、Y社は、Bから、X社に連帯保証人となる同意を得たといわれたため、甲社に赴き、Aの右腕であるDとの間で、甲社に対する貸金債権につき、X社が連帯保証する旨の連帯保証契約を締結しました。その際、DはX社の従業員である旨の名刺をY社に差し入れ、X社の記名押印をしていました。

後日、甲社が貸金の返済を怠ったため、Y社から連帯保証債務の履行を求められましたが、X社としては、たとえBがAの息子であるとしても甲社の責任は甲社がとるべきであると考えていますし、Dは連帯保証契約締結当時X社を退職しておりX社が代理権を与えた事実はないことや、そもそもDは在職時にアパレル関係の材料等に関する契約締結は任されていましたが、保証契約の締結は権限外であったことから、X社の了承なくなされた連帯保証契約であるとして、同契約は無効であると考えています。

Q X社は、Y社に対して連帯保証債務を履行する必要があるのでしょうか？

A X社は、連帯保証契約の締結を否定することで、Y社からの請求を拒むことができます。

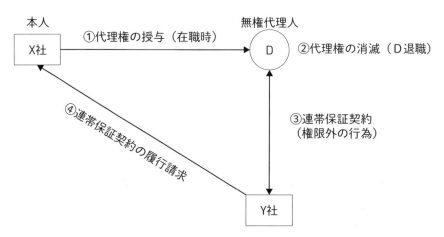

本人　X社
①代理権の授与（在職時）

無権代理人　D
②代理権の消滅（D退職）

④連帯保証契約の履行請求

③連帯保証契約
（権限外の行為）

Y社

解説 本事例では、Aの右腕であったDがX社の代理人として、Y社との間で連帯保証契約を締結しています。しかし、Dの当該行為を法的に整理すると、二つの問題があります。一つは、①連帯保証契約の締結は、Dが在職時に与えられていた代理権限を越えること、もう一つは、②DがX社を退職しており、Dに対して与えていた代理権が消滅していることです。

1.　①代理権限を越えることについて

旧民法では、Dに何らかの代理権（基本代理権）があれば、権限外の行為をした場合でも、第三者であるY社がDに当該権限があると信じる正当な理由があるときには、契約の効果を本人であるX社に負わせることができるという規定（旧民法110条）がありました。改正民法でも、同様の規定

が置かれています（改正民法110条）。

2. ②代理権が消滅したことについて

　旧民法では、Dが退職し、在職時の代理権が消滅したとしても、そのことについてY社が善意無過失（知らないかつ知らなかったことに過失がない）であれば、X社は在職時の代理権の範囲内でDが行った契約の責任を負うという規定（旧民法112条）がありました。改正民法でも、同様の規定が置かれています（改正民法112条1項）。

3. 本事例について

　本事例では、Dは退職して何らの代理権もないことから、①の適用はなく、また、連帯保証契約はそもそも在職時のDの代理権の範囲を超えることから、②の適用もありません。

　旧民法下の判例は、このように、①と②の問題が重なって生じている場合に、旧民法110条と112条の重畳適用により、DにX社の代理権があることを信じる正当な理由があり、かつ連帯保証契約がDの代理権の範囲外であることを知らず、知らなかったことに過失がない場合には、X社が連帯保証契約に基づく責任を負うとしていました。

　改正民法では、この判例法理を明文化しました。すなわち、改正民法112条2項は、「他人に代理権を与えた者は、代理権の消滅後に、その代理権の範囲内においてその他人が第三者との間で行為をしたとすれば前項の規定（筆者注・改正民法112条1項。旧民法112条と同様の規定）により責任を負う場合において、その他人が第三者との間で代理権の範囲外の行為をしたときは、第三者がその行為についてその他人の代理権があると信ずべき正当な理由があるときに限り、その行為についての責任を負う。」と規定しました。

本事例において、DはY社にX社の従業員であるという名刺を差し入れており、X社の記名押印をしているため、Y社において、DがX社の代理権を有していないことを知らず、知らなかったことに過失がないといえる可能性はあります。

　もっとも、Dが在職時に任されていた仕入れ等の契約と、連帯保証契約とでは、契約の質が異なるといえます。

　そうすると、Y社において、改正民法112条2項にいう「その他人の代理権があると信ずべき正当な理由がある」とはいえず、同条項の適用はないといえます。なお、この結論は旧民法における判例の理論を用いても同様です。

　以上から、X社は、Y社からの連帯保証債務の請求を拒むことができます。

【旧民法の場合と適用関係】

　前述のとおり、旧民法でも、明文はないものの判例法理により、改正民法と同様の取り扱いがされていました。

　改正民法と旧民法の適用関係は、無権代理行為が施行日（2020年4月1日）以降であった場合に、改正民法が適用されます（改正民法附則7条2項）。ただし、旧民法下でも同様の解釈がとられていたことから、実務に影響はないものと考えられます。

2 『利用規約などの定型的約款』と民法改正

利用規約などの定型約款とは

> **事例7》**
> 当社（X社）は、自社でECサイトを運営しつつ、他社から受注を受けて、システム開発も行っているITベンチャーです。上場のために、社内のコンプライアンス整備も行い、毎年複数人の新卒採用を行っています。
>
> 当社が運営するECサイトでは、利用約款を設けて、会員登録の際に同意してもらっています。また、他社からシステム開発受注を受ける際には、ほぼ中立内容の定型の業務委託基本契約の雛型を用い、個別の発注内容は別紙で整理する形式で契約をしています。さらに、社員数が増加したことから、就業規則を整備するとともに、労働契約書についても、定型の内容の雛型を使用しています。

Q X社が現在利用している「ECサイトの利用約款」「業務委託基本契約の雛型」「労働契約の雛型」のそれぞれについて内容を変更し、既存の契約内容もそれに合わせて変更したいのですが、個別の契約者とそれぞれ合意をし直すのは手間がかかります。これらが改正民法548条の2に定める「定型約款」に該当する前提で、契約内容の変更をしてよいでしょうか？

A 「ECサイトの利用約款」は定型約款に該当する可能性が高いと考えられますが、「業務委託基本契約の雛型」や「労働契約の雛型」は定型約款には該当するとはいえないと考えられます。したがって、

「ECサイトの利用約款」については、改正民法548条の２以下の規定に従って、既存の契約内容を変更することができる場合もあります。他方、「業務委託基本契約の雛型」「労働契約の雛型」については、個々の契約当事者と別途合意をしない限り、内容の変更はできません。

解説

1. 改正民法による定型約款の規定

　通常の契約は、契約内容の変更には、当事者の新たな合意が必要です。しかし、今回の民法改正により、「定型約款」に該当する場合には、個別の合意がない場合でも、改正民法548条の２以下の規定に従い、「定型約款」の内容について合意したものとみなしたり、またはその内容の変更をしたりできるようになりました。

　みなし合意や変更の方法は、事例８（56ページ）及び事例９（61ページ）を参照して下さい。

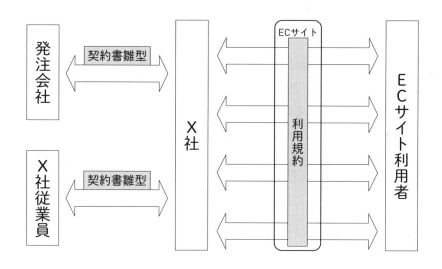

2. 定型約款とは

改正民法548条の2によれば、定型約款とは、「定型取引において、契約の内容とすることを目的としてその特定の者により準備された条項の総体」のことを指し、定型取引とは、「①ある特定の者が不特定多数の者を相手方として行う取引であって、②その内容の全部又は一部が画一的であることがその双方にとって合理的なもの」とされています。この定型取引にあたるかどうかが重要です。

(1) ①について

①「ある特定の者が不特定多数の者を相手方として行う取引」というのは、相手方の個性に着目しない取引をいうと解釈されています。ECサイトにおける利用者登録などは、だれが会員登録をするのか、つまり、個別の契約相手が誰なのかという点には基本的には関心がない取引ですので、この要件を満たすといえます。一方で、業務委託基本契約や労働契約は、相手方によって、その内容が変動しうるもの、すなわち相手方の個性に着目してする取引ですので、この要件を満たさないと判断される場合が多いと考えられます。

(2) ②について

また、定型取引といえるためには、②「その内容の全部又は一部が画一的であることがその双方にとって合理的なもの」である必要があります。契約自体の客観的内容から、特段画一性を持たせる合理性がないといえるような場合には、定型約款といえないことになります。画一性というのは、契約当事者間で、当該条項について、個別の交渉を経ることなく契約条項の総体を受け入れることが合理的といえるかどうかという点から判断されると解釈されています。そのため、事業者間における商品販売契約や請負契約は、たとえ一方が雛形を用意したとしても、その内容について交渉を予定しているのが通常で、画一的内容とすることが合理的でないとい

う判断はされやすいと思われます。交渉力の差はここでは考慮されません。

3. 本事例について

　「ECサイトの利用約款」については、上記①②の両要件を満たすものと考えられます。他方で、「業務委託基本契約の雛型」や「労働契約の雛型」については、各契約が個性に着目して、契約内容の変動を予定したものとして①の要件を満たさないか、交渉を予定している以上、画一的であることの合理性が認められないとして②の要件を満たさず、いずれにしても「定型取引」に該当しないと考えられ、定型約款の規制の適用はないと考えられます。今後の判例実務の集積によって、具体的にどういった契約であれば、定型取引に該当するとされるのかが具体化されていくことになるでしょう。

【旧民法の場合と適用関係】

　約款を用いた契約は、ECサイトの利用約款のほか、電車の運送契約、携帯電話の回線契約、火災保険・生命保険といった保険契約など、様々な場面で利用されていましたが、約款を用いた契約に関する法律の整備はされていませんでした。

　約款を用いた契約においては、当事者が約款の内容ひいては契約内容をよく理解しないままに契約をしてしまったり、多量の約款条項の中に極めて不当な条項が紛れていたりするなどの問題点は昔から認識はされていました。そのため、学説や判例の展開により、約款法理ともいうべきものが形成され、不当な条項については信義則などによる規制が図られていました。

　今回の改正で、定型取引に該当しうるものについては、明文化されましたが、定型取引に該当しない約款契約については、従来の約款法理や契約の原則に立ち戻って解釈されることになると思われます。

　なお、定型約款の規定は、改正民法の施行日である2020年4月1日より前に締結された定型取引についても適用されます（改正民法附則33条1項本文）。ただし、旧民法の規定によって生じた効力は妨げられません（改正民法附則33条1項但書）。さらに注意が必要な点は、当事者の一方が反対の意思表示を書面でした場合には、改正民法附則33条1項のルールは適用しないとされている点です（改正民法附則33条2項）。この「反対の意思表示」は、施行日前にしておかなければならないとされています（改正民法附則33条3項）。

定型約款が合意の内容となる条件

　当社（X社）は、フリーランスの方向けに、コワーキングスペースを提供する事業を首都圏で展開しています。利用者が、当社の各店舗で、コワーキングスペースを利用するためには、初めに会員登録をしてもらう必要があり、利用者は、初回利用時に必要な情報を登録しなければ、サービスが利用できないことになっています。当社は、コワーキングスペースの利用にあたっての契約条項を「利用約款」として準備し、申込書にも「利用約款」が契約の内容となる旨を記載しています。しかし、会員登録の手続の流れの中で、「利用約款」に同意している旨のチェック項目は用意されていません。「利用約款」自体は、公式サイト内にも常に掲示しており、いつでもだれでも見られるようになっているほか、店舗にも書面で閲覧用の利用約款が常設されており、申込みの際にも参照することが可能です。

　そのようななかで、当社のコワーキングスペースを利用したフリーランスYから機密情報が漏洩してしまったとのクレームがありました。調査の結果、その原因は、当社が用意したインターネット回線のセキュリティの不備にあると判明しました。

　なお、当社の「利用約款」には、店舗利用によって生じた一切の損害について、甲の過失の有無を問わず、責任を負わない旨の免責条項が規定されています。

Q X社は、Yから、機密情報の漏洩の原因がX社のセキュリティ対策の不備にあるとして、不法行為に基づく損害賠償を請求されています。しかし、「利用約款」には、当社の過失の有無を問わず一切の責任を負わない旨の条項があります。当社は、「利用約款」の免責条項を理由

にYからの請求を拒絶できるはずであると考えていますが、そのような主張は認められるでしょうか？

 免責条項を理由にYがその請求を拒むというX社の主張は認められない可能性があるといえます。

解説

1. 定型約款の合意

　X社は、コワーキングスペース利用の会員登録のために、「利用約款」を設けています。この「利用約款」が、改正民法548条の２に定める「定型約款」に該当する場合には、一定の手続きをとることで、個別の同意を必要とせずに、定型約款の内容を合意したものとみなせる一方、相手方の利益を一方的に害すると考えられる条項は、合意がされなかったものとみなされます。

　本事例におけるX社の「利用約款」は、X社のコワーキングスペースの利用を希望する不特定多数の利用者との契約の内容とする目的で作成されています。コワーキングスペースの利用に関する契約という利用者の個性に着目しない契約であり、契約内容に画一性を持たせる合理性が認められると考えられるので、定型約款に該当すると考えられます（事例7（51ページ）参照）。

2. 定型約款が合意の内容となるための要件

　そして、この定型約款が合意の内容となるためには、①定型約款を契約の内容とする旨の合意をしたこと、もしくは②定型約款を準備した者があらかじめその定型約款を契約の内容とする旨を相手方に表示していたことが必要です（改正民法548条の２第１項）。②は、相手方において、定型約款を契約の内容とする合意がない場合であっても、定型約款を契約内容と

することを事前に表示していれば、契約内容となることを規定しています。

　また、定型取引の相手方は、事前または事後に約款の内容を開示するよう定型約款準備者に請求することができます。そして、合意前の段階で、開示を求められたにもかかわらず、この請求を拒んだ場合には、改正民法548条の2が適用されない、すなわち、定型約款の内容が契約とならないとされています（改正民法548条の3）。例えば、申込書などに、約款の内容が契約内容となる旨記載されているため、当該約款の内容を教えてほしいと頼んだにもかかわらず、開示がされなかったような場合です。

3.　相手方の利益を一方的に害する条項

　もっとも、これらの定型約款の合意の要件を満たしていたとしても、当該定型約款の条項のうち「相手方の権利を制限し、又は相手方の義務を加重する条項であって、その定型取引の態様及びその実情並びに取引上の社会通念に照らして第1条第2項に規定する基本原則に反して相手方の利益を一方的に害すると認められるもの」は、合意をしなかったものとみなされます（改正民法548条の2第2項）。

　約款の内容について、当事者の認識が希薄であることや、約款の多数の条項の中に不利益な条項を紛れ込ませることで合意が取れてしまうといった弊害を規制する内容となっています。単にその条項の内容が不利益であるという要件のみならず、取引上の社会通念を考慮する趣旨は、個別の条項そのものは不利益ではあっても、契約全体を参照して、当該不利益を補うような内容になっていれば、一方的に不利益とまではいえないと判断される材料となるということです。定型取引の態様から、意図的に条項が隠蔽されていたり、また内容が明確性を欠いていたりするような場合には、一方的に利益を害すると認められやすくなると考えられています。

　消費者契約法10条も類似の内容を定めていますが、消費者契約法は、契

約の内容として合意があったこと（その内容で契約が成立したこと）を前提に条項を無効とする形式ですが、改正民法における定型約款では、そもそも当該条項については合意がされていないものとみなす（契約が成立していないものとして扱う）形式である点が異なります。

4. 本事例について

　本事例においては、会員登録の手続上、明示的に「利用約款」に同意し、契約の内容とした旨を確認できるようなチェック欄がない一方で、「利用約款」を契約の内容とする旨の表示はあります。したがって、「利用約款」はYとの契約の内容となっていると考えられます。なお、Yが利用約款の内容の開示を求めた場合に、店舗で準備されている書面を示したり、インターネット上で掲載されているURLを案内したりすれば、表示義務（改正民法548条の3第1項）にも反しないといえます。しかし、免責条項については、「X社の過失の有無を問わず」X社が責任を負わないとしている点で、Yその他の利用者の権利を制限する内容となっています。したがって、契約内容全体からして、当該不利益が補われるような内容となっていない場合には、当該免責条項については、合意をしていないものとみなされる可能性があるといえます。

【旧民法の場合と適用関係】

　旧民法においては、約款がどのような場合に契約の内容となるのかという点について、一般的な定めを置いていませんでした。契約の内容が当事者を拘束する根拠は相互の合意に求められるべきところ、約款を用いた契約類型においては、当事者において、そもそも約款の内容の交渉を予定せず、また、その内容に対する認識が希薄であることが多く、そもそも合意がなされているのかという点も不明確な状態でした。なお、適用関係については、事例7（55ページ）の【旧民法の場合と適用関係】のとおりです。

定型約款の内容を変更する方法

> **事例9 »**
>
> 　当社（X社）は、ECサイトを運営するIT企業です。当社のECサイトを利用するにあたって、利用者は、当社が用意した「利用約款」に同意し、会員登録をする必要があります。当社のECサイトは、年会費が1,000円となっていますが、その分販売する商品は厳選した良品を扱っています。なお、送料は利用者負担、代金支払方法は銀行振込に限る形をとっていました。しかし、数年たって、利用者も増えてきたことから、この度、クレジットカードによる支払方法の導入をすることにしました。また、利用者が増えたことで、管理のために新しい従業員を雇用しサーバーを新しくしたりと、人件費その他の費用が増加してしまっている状態です。そこで、当社としては、現在1,000円としている年会費を、近いうちに1,200円に値上げすることを考えています。なお、現在の利用者数及び現状の会員数の増加傾向を鑑みると、年会費1,200円とすることで多少の余剰も生まれるので、送料については、遠方を除いて、当社負担とすることについても検討しています。
>
> 　なお、「利用約款」は、改正民法における定型約款に該当するものですが、この約款には、当社の裁量で、利用約款の内容を変更することがある旨の条項が存在しています。

Q　X社が、年会費の値上げや送料に関する規定を変更する場合に、「利用約款」を変更できる旨の条項を理由に、いつでも何らの手続をとることなく、一方的に約款の内容を変更することができるのでしょうか？

何らの手続をとることなく、一方的に約款の内容を変更すること
はできません。

1. 定型約款の変更の要件

　通常の契約においては、契約内容を変更するのは、当事者一方の意思の
みでは足りず、契約内容を変更することについて当事者双方の合意が必要
です。しかし、改正民法において、「定型取引」に該当する場合には、改
正民法548条の4第1項が定める要件を満たすときは、定型取引の相手方
一人一人と合意を取り直すことなく、変更後の内容で合意があったものと
みなして、契約の変更、すなわち定型約款の内容の変更が行えるように
なっています。

　変更した内容が、相手方の一般の利益に適合するか否かによって要件が
異なります。

　①定型約款の変更が、相手方の一般の利益に適合する場合には、それ以
外の要件はありません（改正民法548条の4第1項1号）。他方で、定型約款
の変更内容が相手方の一般の利益に適合しない場合には、②定型約款の変
更が、契約をした目的に反せず、かつ、変更の必要性、変更後の内容の相
当性、この条の規定により定型約款の変更をすることがある旨の定めの有
無及びその内容その他の変更に係る事情に照らして合理的なものであるこ
とが必要となります（改正民法548条の4第1項2号）。

2. 定型約款の変更の手続

　定型約款の内容を変更するためには、法定の手続を経る必要がありま
す。変更のための手続としては、(1)定型約款変更の効力発生日を定めるこ
と、及び(2)定型約款を変更する旨及び変更後の定型約款の内容並びにその
効力発生時期をインターネットの利用その他の適切な方法により周知する

ことを要します。(改正民法548条の4第2項)。そして、定めた効力発生日までに、定型約款変更の周知を行わなければ、定型約款の変更はその効力を生じないとされています（同条3項）。

3. 本事例について

　本事例において、X社が、代金支払方法につきクレジットカード払いを増やすことは、相手方である利用者の支払の便宜を図るものであって、一般の利益に適合するといえます。

　他方で、いままでは年会費1,000円だったところを、年会費1,200円に値上げすることは、相手方である利用者の負担が増えるものである以上、利用者の一般の利益に適合するとはいえないと考えられます。しかし、年会費増額の趣旨は、利用者増加に伴う人件費その他の費用増加を賄うためであって、不合理な目的とはいえないというべきです。また、増額もわずか年額200円であり、利用者負担が著しく増えるような金額ではありません。さらに、今まで利用者負担であった送料をX社負担とする予定であり、利用者の便宜も図られています。すると、増加した費用を賄うという変更の必要性が認められ、また、増額により利用者の負担がわずかに増える一方で、利用者の送料負担をなくしており変更の相当性もあると考えられます。X社のECサイトの「利用約款」に改正民法に沿った内容でないとはいえ、「利用約款」を変更できる旨の規定があることも踏まえると、変更の合理性が認められると考えられます。

　したがって、効力発生日として、現実的な日を定め、それまでの間に、ECサイト上でお知らせをしたり、登録のメールアドレスにメールを送付したりするなどの適宜の方法で周知をすることで、定めた効力発生日より、定型約款を変更することができるといえます。

　なお、条文上は、不利益変更の場合の事前周知につき、効力発生日前であれば、いつでもよいかのように解釈できるようになっています（改正民

法548条の4第3項)。もっとも、効力発生日の前日などでは、当該周知を知らないまま効力発生日を迎え、変更後の約款が適用されることになってしまいます。そのため、この事前周知については、利用者が効力発生日までに、解除その他の方法で契約を終了させられるような期間を空けるべきだと考えられます。

【旧民法の場合と適用関係】

　旧民法には、約款に関する明文の規定は置かれておらず、したがって、約款を変更する場合の、変更内容の制限などの規定はありませんでした。本事例の契約の変更には、双方当事者の合意が必要であるところ、約款作成者によって、一方的に約款の内容が変更されることが少なくなく、利用者の予測可能性が害されがちであったのが現実です。なお、適用関係については、事例7（55ページ）の【旧民法の場合と適用関係】のとおりです。

『契約トラブル対応』と民法改正

契約を解除できる場合と方法①（催告解除と軽微性の要件）

事例10≫　当社は、電化製品の製造を営むX社です。当社は、2020年
4月10日、Y社との間で、部品を購入する売買契約を締結しました。
この部品はY社が大量生産して他社にも販売している一般的な部品で
すが、この部品がないと当社の製造する電化製品を製造できません。
売買契約では、代金の支払期日を2020年4月30日、部品の納品日を
2020年5月31日と定めていました。当社は、売買契約に従って、2020
年4月30日に代金100万円を支払いました。しかし、約束の2020年5
月31日に部品が納入されなかったため、同年6月1日、Y社に対し
て、同年6月7日までに部品を納入するよう求めましたが、その日を
過ぎても部品の納入はありません。

Q　X社は、Y社との売買契約を解除して、支払済みの代金100万円を
返してもらうことはできないのでしょうか？

A　Y社との売買契約を解除して、支払済みの代金100万円の返還を
求めることは可能であると考えられます。

解説

2020年 4月10日	2020年 4月30日	2020年 5月31日	2020年 6月1日	2020年 6月7日
X↓Y 売買契約	X↓Y 代金支払	納品日	X↓Y 催告	催告期限

1. 契約の解除

　本事例では、売買契約で定めた代金の支払期日を経過したにもかかわらず、Y社が代金を支払っておらず、Y社は債務不履行の状態に陥っています。契約の相手方が契約で定めた債務を履行しない場合に、契約関係を解消する手段として、改正民法では、契約の解除について、「催告による解除」（改正民法541条）と「催告によらない解除」（改正民法542条）の制度を定めています。

2. 催告による解除

　催告による解除の制度は、「当事者の一方がその債務を履行しない場合において、相手方が相当の期間を定めてその履行を催告し、その期間内に履行がないとき」に契約の解除を認める制度です。ただし、「その期間を経過した時における債務の不履行がその契約及び取引上の社会通念に照らして軽微であるとき」には、催告による解除は認められません（改正民法541条但書）。一方、催告によらない解除（以下、「無催告解除」といいます）の制度は、債務の全部の履行が不能である場合など改正民法542条所定の場合に、催告をすることなく、直ちに契約の解除を認める制度です。本事例では、催告による解除ができないかを検討します。

3. 本事例について

　まず、催告による解除を行うためには、相当の期間を定めた催告が必要と定められているため、X社はY社に対し相当の期間を定めて代金の支払いを求める催告をする必要があります。「相当の期間」がどの程度の期間なのかについて民法は定めていませんが、本事例の場合、１週間程度の期間を定めれば十分でしょう。次に、債務不履行の軽微性についてですが、催告期間経過時点の不履行が、契約及び取引上の社会通念に照らして軽微であるかどうかによって判断されます。本事例では、本来の履行期日である2020年５月31日から１週間が経過している上に、X社の電化製品の製造に不可欠な部品の売買であることからすると、2020年６月７日時点におけるY社の債務不履行は軽微であるとはいえないと思われます。したがって、X社がYとの売買契約を解除して、支払済みの代金100万円の返還を求めることは可能であると考えられます。

【旧民法の場合と適用関係】

　改正民法では、「その期間を経過した時における債務の不履行がその契約及び取引上の社会通念に照らして軽微であるとき」に催告解除は認められないというルールが明文で定められていますが、旧民法では明文で定められていませんでした。

　また、改正民法は契約解除の制度を、当事者を契約に拘束することが不当な場合にその拘束力から解放することを目的とする制度と位置づけ、解除の要件として債務者の帰責事由は不要としていますが、旧民法の下では、解除の要件として債務者の帰責事由が必要と解釈されていました。

　なお、施行日（2020年４月１日）前に契約が締結された場合における契約の解除については旧民法が適用され、施行日以後に契約が締結された場合における契約の解除については改正民法が適用されます（改正民法附則32条）。

契約を解除できる場合と方法②（履行不能による無催告解除）

Q YとZから、契約を解除するので代金を返してほしいといわれているのですが、X社は代金の返還に応じなければならないのでしょうか？

A Yに対しては代金30万円の返還に応じる必要があると考えられます。一方で、Zに対しては代金50万円の返還に応じる必要はないと考えられます。

解説

1. 履行不能による解除

本事例(1)と(2)のいずれにおいても、Xは売買契約に基づいて、中古オートバイをY、Zそれぞれに対して引き渡さなければならない義務を負っています。しかし、本事例(1)では、中古オートバイ甲は洪水で流されてしまい、XはYに引き渡すことが不可能になっています。また、本事例(2)でも、中古オートバイ乙が大破して廃車せざるをえない状態になっており、XはYに引き渡すことが不可能になっています。このように、契約上の義務が履行できくなることを「履行不能」といいます。本事例(1)では、XとYのいずれのせいでもない理由で履行不能が発生しています。一方、本事例(2)では、Zのせいで履行不能が発生しています。これらの場合に、契約の解除は認められるのでしょうか。

改正民法は、「債務の全部の履行が不能であるとき」「債権者は……催告をすることなく、直ちに契約の解除をすることができる」と定めています（改正民法542条1項1号）。一方で、「債務の不履行が債権者の責めに帰すべき事由によるものであるときは、債権者は、前2条の規定による契約の解除をすることができない」と定めています（改正民法543条）。

2. 本事例について

本事例(1)では、中古オートバイ甲の全部の履行が不能になっているため、債権者であるYは直ちにXとの売買契約を解除することができることから、Xは代金30万円の返還に応じる必要があると考えられます。一方、本事例(2)では、中古オートバイ乙の全部の履行が不能になっていますが、債権者であるZの不注意による事故で履行不能になっており、債務の不履行が債権者Zの責めに帰すべき事由によるものであるといえることから、Zは売買契約を解除することができず、Xは代金50万円の返還に応じる必要はないと考えられます。

【旧民法の場合と適用関係】

　旧民法では、解除の要件として債務者の帰責事由が必要とされていましたが、改正民法では債務者の帰責事由は解除の要件とされていません。これは、契約解除の制度を、債務不履行に基づく損害賠償制度のように債務者に対する「制裁」と考えるのではなく、契約に拘束されることが不当な場合にその拘束から解放させることを目的とした制度であると、考え方を改めたことによるもので、旧民法の実質的な改正といえるでしょう。

　なお、施行日（2020年4月1日）前に契約が締結された場合における契約の解除については旧民法が適用され、施行日以後に契約が締結された場合における契約の解除については改正民法が適用されます（改正民法附則32条）。

契約を解除できる場合と方法③
（確定的履行拒絶による無催告解除）

事例12≫ 当社は、コーヒー豆の卸販売を営むX社です。当社は、2020年4月10日、コーヒー豆の輸入業者であるY社との間で、コーヒー豆を購入する売買契約を締結しました。売買契約では、代金100万円の支払期日を2020年4月30日、納品日を2020年5月31日と定めていました。当社は、売買契約に従って、2020年4月30日に、代金100万円を支払いました。ところが、Y社は、コーヒー豆の需要が急増し、代金100万円が市場価格に比して非常に低廉であるという理由で、2020年5月31日を過ぎても、納入してくれませんでした。2020年6月10日、突然、Y社から、コーヒー豆の納品を拒絶する旨の通知書が届きました。

Q X社は、Y社との売買契約を解除して、支払済みの代金の返還を求めることはできるのでしょうか？

A Y社との売買契約を解除して、支払済みの代金の返還を求めることが可能であると考えられます。

解説

2020年 4月10日	2020年 4月30日	2020年 5月31日	2020年 6月10日
X Y 売買契約	X↓Y 代金支払	納品日	Y↓X 納品拒絶通知

1. 確定的履行拒絶による無催告解除

本事例では、Y社は売買契約に基づきコーヒー豆の引渡義務を負っていますが、X社に対してコーヒー豆の引渡しを拒絶する意思を通知しています。このような場合、もはやY社がコーヒー豆の引渡しを行うことを期待することはできない状況ですが、X社は売買契約を解除できるのでしょうか。

改正民法は、「債務者がその債務の全部の履行を拒絶する意思を明確に表示したとき」は、「債権者は、前条（催告による解除）の催告をすることなく、直ちに契約の解除をすることができる」と定めています（改正民法542条）。債務者が履行拒絶の意思を明確に表示しているときは、債務者に履行の機会を保障するために催告を要求しても意味がないことから、無催告解除が認められています。注意が必要なのは、履行拒絶の意思が「明確に表示」されていることが必要な点です。

2. 本事例について

本事例では、書面でコーヒー豆の引渡しを拒絶する旨の通知がされていることから、履行拒絶の意思が明確に表示されているといえるでしょう。

したがって、X社は、Y社に対して履行の催告をすることなく、直ちに、売買契約を解除して、支払済みの代金の返還を求めることができると考えられます。

【旧民法の場合と適用関係】

　旧民法には、債務者が履行拒絶の意思を明確に表示しているときに契約を解除することができるかについては、何も定められていませんでした。したがって、催告をしてから解除するケースが多かったと推測されますが、改正法の下では、催告することなしに解除するケースが増えると思われます。

　なお、施行日（2020年4月1日）前に契約が締結された場合におけるその契約の解除については旧民法が適用され、施行日以後に契約が締結された場合におけるその契約の解除については改正民法が適用されます（改正民法附則32条）。

契約解除の効果が発生するのはいつか？

事例13≫ 当社（X社）は、賃貸用マンションを所有し、賃借人に貸出す事業を営んでいる会社です。居住者からは毎月家賃を振込みにより、支払を受けていますが、ある一室の賃借人Yは、これまで度々家賃の支払が遅れていました。今回は3か月も家賃が滞納して、賃料支払の催告の書面も無視しているので、1週間の期限を定めて家賃が支払われない限り解除するという書面を内容証明郵便により発送しました。ところが、Yは内容証明郵便を受け取らず、留置期間経過によって当社に返送されてきました。

Q X社は、Yに対して、賃貸借契約の解除を主張することができるでしょうか？

A Yに対して、賃貸借契約の解除を主張することができると考えられます。

解説

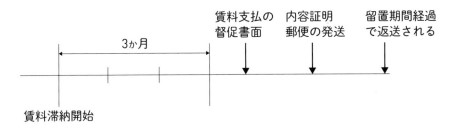

本事例のように、相当期間家賃を滞納している賃借人に対しては、内容証明郵便による書面で、滞納家賃の支払を催告すると同時に、指定の期限内に支払がない時は賃貸借契約を解除する旨を通知することが一般的です（これを「停止条件付解除通知」といいます）。ただ、本事例では、X社が発送した内容証明郵便をYが受け取らずX社に返送されてきているので、解除の意思表示が有効かという点が問題になります。

1. 解除の意思表示とは何か？

　解除のような意思表示は、その通知が相手方に到達したときからその効力が生じるとされています（改正民法97条1項）。そして、判例上は、「到達」とは、現実に受領するだけでなく、相手方が通知の内容を知ることが可能な状態も含むと解されています。つまり、今回のケースでいうと、相手方Yが受け取るだけでなく、Yの家族が通知を受領したり、Yの自宅のポストに入った段階で通知の内容を知ることが可能な状態になると判断されます。

　しかし、本事例は、内容証明郵便なので、受け取るには郵便局員へのサインが必要でありポストに投函されていません。そして、Yは現実に受領せず、留置期間経過によってX社に返送されてきてしまっています。

2. 改正民法における新たな規定

　このような事態に対応するため、改正民法では、「相手方が正当な理由なく意思表示の通知が到達することを妨げたときは、その通知は、通常到達すべきであったときに到達したものとみなす」という規定があります（改正民法97条2項）。

　この規定のうち「正当な理由なく……到達することを妨げた」とはどのような場合を指すかは明記されてはいません。

　しかし、旧民法の時代の最高裁判例に、遺留分減殺請求の意思表示とし

て送付された内容証明郵便が留置期間の経過により差出人に還付された場合の到達の有無が争われた事案について、①不在配達通知書の記載等から通知の内容が十分推知できたこと（内容の推知可能性）、②受領しようとすれば内容証明郵便の受領は難しくなかったこと（郵便物の受領可能性）から、社会通念上了知可能な状態に置かれたものとして、遅くとも留置期間が満了した時点で到達が認められると判示しています^(注)。改正民法においても、この考えは参考になり、通知を発送するまで、通知の発送者と受領者との間にどのようなやり取りがあったかなど個別の状況に即して意思表示の通知が到達したかどうか判断されることになると考えられます。

(注)　最判平成10年6月11日民集52巻4号1034頁

3. 本事例のあてはめ

　本事例では、Yはこれまでも度々家賃の支払が遅れており、X社は賃料支払の催告の書面も送っています。このため、Yは、不在の配達通知をみれば、X社からの内容証明郵便が来ており、内容証明郵便の内容が賃料支払の催告であるという内容を推知することは可能と考えられます。また、X社はYの自宅に送付しているため、Yの郵便物の受領可能性も認められます。このため、遅くとも留置期間が満了した時点で到達されたとみなされるものと考えられます。つまり、X社はYに対して賃貸借契約の解除を主張することができると考えられます。

　なお、弁護士が賃料催告の通知を送付する場合は、内容証明郵便に加えて、同じ内容の書面を普通郵便（特定記録で到達を記録する）で送付して、到達に争いが生じないようにする手法がよく使われます。

【旧民法の場合と適用関係】

　旧民法は、当事者同士が直接会わずに書面等でやりとりする場合その意思表示の効力は、書面等が到達した時とされていましたが、通知が到達しなかった場合の取扱いについては明記されていませんでした。もっとも、裁判例では、不当に通知を受領しない者がいた場合の結論の妥当性を考え、「到達」とは、現実に受領するだけでなく、相手方が通知の内容を知ることが可能な状態も含むとして「到達」という文言を広げる解釈を行ってきました。改正民法は、この裁判例の意図を反映して、相手方が正当な理由なく意思表示の通知が到達することを妨げたときは、その意思表示の通知は、通常到達すべきであったときに到達したものとみなすことを明確にしました。

　改正民法と旧民法の適用関係については、施行日前に通知が発送された意思表示ついては、なお従前の例によるとされています（改正民法附則6条2項）。つまり、本事例では、X社がYに対して内容証明郵便を発送した日が、2020年4月1日以降であれば、改正民法が適用されることとなります。

損害賠償責任を負う場合と負わない場合（免責事由）

事例14≫ 当社は、デザインの制作業を営むX社です。2020年4月10日、当社は、Y社との間で、Y社が2020年7月1日に開催するイベントのメインビジュアルとして使用する3Dグラフィックの制作を受託する契約を締結しました。納期は2020年6月20日と定めていました。当社では、3Dグラフィックについて、従業員Aにしかスキルがなく、他の従業員にはそのスキルがなかったため、Y社から受託した3Dグラフィックの制作をAに担当させることにしました。しかし、2020年6月10日、Aは通勤中に工事中のビルからの落下物で負傷して入院してしまいました。そのため、当社は、納期までに3Dグラフィックを完成させることができませんでした。結局、Y社は急遽イベントを延期することになりました。当社は、Y社から、Y社がイベント会場に支払った会場利用料について、損害賠償を求められています。

Q X社は、Y社に対して、イベント会場に支払った会場利用料について、損害賠償に応じなければならないのでしょうか？

A Y社に対して、損害賠償に応じなければならない可能性が高いと考えられます。

解説

2020年 4月10日	2020年 6月10日	2020年 6月20日	2020年 7月1日
XY制作委託契約	A事故で負傷	納期	Yイベント開催予定日

1. 債務不履行による損害賠償

　本事例で、X社は、デザイン制作契約に基づき、納期である2020年6月20日までに3Dグラフィックデザインを完成させてY社に納品する義務を負っていると考えられます。しかし、デザイン制作担当のAの突然の負傷により、X社は、納期までに3Dグラフィックデザインを完成させてY社に納品することができず、債務不履行の状態に陥っています。

　民法は、「債務者が、債務の本旨に従った履行をしないとき又は債務の履行が不能であるときは、債権者は、これによって生じた損害の賠償を請求することができる」と定めています（改正民法415条1項前段）。この規定に基づく損害賠償は、債務不履行による損害賠償と呼ばれます。

2. 免責事由

　もっとも、同条の後段において、「ただし、その債務の不履行が契約その他の債務の発生原因及び取引上の社会通念に照らして債務者の責めに帰することができない事由によるものであるときは、この限りでない」と定められています。これは、損害賠償責任の免責事由を定めるものです。損害賠償責任が免責されるかどうかは、契約書の文言だけでなく、契約の目

的、契約に至る経緯、取引上の社会通念を考慮して、総合的に判断することになります。

　本事例では、Aが負傷した原因は、X社に責任がある事由であるとはいえません。しかし、Aが3Dグラフィック制作を担当することやAにしか3Dグラフィック制作のスキルがないことは、Y社がX社と契約をする前提にはなっておらず、X社の内部的な事情にすぎないと考えられます。また、X社としては、社内に3Dグラフィック制作のスキルを有する者がAの他にいなければ外注して完成させることも可能と思われますが、そのような対応もしていません。これらの事情からすると、Aの負傷によるリスクはX社が負担するべきリスクであると考えられることから、X社に免責事由は認められない可能性が高いと思われます。

3．損害賠償の範囲

　では、X社に免責事由が認められず、損害賠償責任を負うとして、どこまでの損害を賠償する必要があるのでしょうか。民法は、「債務の不履行に対する損害賠償の請求は、これによって通常生ずべき損害の賠償をさせることをその目的とする」（改正民法416条1項）、「特別の事情によって生じた損害であっても、当事者のその事情を予見すべきであったときは、債権者は、その賠償を請求することができる」（改正民法416条2項）と定めています。前者は通常損害、後者は特別損害と呼ばれます。

　本事例では、Y社がイベントで3Dグラフィックデザインをメインビジュアルとして使用することは契約の前提になっていたといえるでしょう。また、X社が制作を受託した3Dグラフィックがメインビジュアルであり、これが完成していないためにイベントを延期することはやむを得ないと思われますし、X社としても予想できたことであると思われます。したがって、X社は、Y社が支払ったイベント会場利用料の損害賠償に応じなければならない可能性が高いと考えられます。

【旧民法の場合と適用関係】

　旧民法では、履行不能の場合のみ債務者の帰責事由を損害賠償の要件として定めているかのように読める規定を定めていました（旧民法415条後段）。もっとも、判例・通説は、債務不履行一般について、債務者の帰責事由がない場合には損害賠償責任の免責を認めていました。改正民法415条1項後段は、債務不履行一般についての免責事由を明確に定めたものといえます。

　なお、施行日（2020年4月1日）前に債務が生じた場合（施行日以後に債務が生じた場合であって、その原因である法律行為が施行日前にされたときを含みます）における債務不履行責任については、改正民法415条1項は適用されず、旧民法の規定が適用されます（改正民法附則17条1項）。

自社の債務の履行を第三者に委託する場合の損害賠償責任

> **事例15》** 当社は、洋食レストランを経営しているX社です。当社が経営するレストランでは、テイクアウト用の料理も提供しているのですが、新たに、Y社が運営している料理配達サービスを利用する予定です。Y社が運営する料理配達サービスは、Y社が運営するプラットフォーム上で、出店している飲食店の料理を注文し、Y社のプラットフォームに登録している配送担当の個人事業主が注文者に料理を配達するマッチングサービスです。

Q 配送担当者による料理の配送時のミスによって、注文者に損害を与えた場合に当社が損害賠償責任を負うかどうかが気になっているのですが、注意すべき点はありますか？

A Y社が運営するプラットフォームに出店する際の規約において、配送担当者による配送時のミスによる注文者への損害についてどのようなルールが定められているか、契約する前に確認しておく必要があります。

解説 このようなマッチングサービスに関する契約について、民法は個別具体的にルールを定めていません。したがって、配送担当の個人事業主による配送時のミスによって注文者に与えた損害について飲食店が債務不履行による損害賠償責任を負うかどうかについては、契約があればその内容によって決まり、契約がなければ、民法415条1項の要件をみたすかどうか（債務不履行と免責事由の有無）によって決まることになります。マッチングサービスのプラットフォームの契約内容については、通常、サービ

スの提供者が規約の形式で予め定めています。したがって、X社は、マッチングサービスのプラットフォームに出店する際の規約において、配送担当者による配送時のミスによる注文者への損害についてどのようなルールが定められているか、契約する前に確認しておく必要があります。

【旧民法の場合と適用関係】

　旧民法においても、本事例のようなマッチングサービスに関する契約について、個別具体的にルールを定めていませんでしたので、プラットフォーマーが定める規約の内容を確認することの重要性については、改正前後で異ならないといえるでしょう。

　なお、本事例で、X社は、注文者との契約に基づく料理を届ける義務を履行するために、第三者である配送担当の個人事業主を利用することになります。旧民法の下では、債務者が債務の履行のために第三者を利用する場合に、この第三者を「履行補助者」という概念で説明し、履行補助者に故意・過失がある場合には、債務者に帰責事由があるとして債務者は債務不履行に基づく損害賠償責任を負うと解釈されていました。改正民法の下では、本事例のようなケースで規約に何も定めがない場合については、履行補助者の概念ではなく、当事者間の契約内容と民法415条1項の解釈・適用によって判断されるものと思われます。

合意解除と損害賠償

事例16≫ 当社は、食品の輸入業を営むX社です。当社は、2020年4月10日、Y社との間で、当社が海外から輸入したタピオカでん粉10トンを30万円で売る契約を締結しました。代金の支払期日と引渡期日については、いずれも2020年4月30日と定めていました。ところが、タピオカの需要が高まりタピオカでん粉の価格が高騰したことと、継続的に高値で取引できそうな取引先が見つかったことから、当社としては、Y社との契約を解除して新たな取引先に売りたいと考え、引渡期日にタピオカでん粉をY社に納入せず、Y社にタピオカでん粉の売買契約の合意解除を申し入れました。当初、Y社は合意解除に難色を示していましたが、交渉の結果、合意解除に応じてくれることになりました。

Q Y社との売買契約を合意解除するにあたって、注意した方がよいことはありますか？

A 損害賠償について合意解除の書面で明確に定めておいた方がよいと思われます。

解説

1. 合意解除

契約を当事者の合意によって解除することを合意解除といい、民法が定める債務不履行解除などの法定解除と区別されます。本事例で、X社は、引渡期日にタピオカでん粉を納入せず、Y社に対して合意解除を申し入れています。合意解除は当事者の合意によってされるもので、合意解除の要

件について、民法は規定を置いていません。

2. 合意解除と損害賠償責任

　では、契約が合意解除された場合に損害賠償責任が発生するかどうかについては、どうなのでしょうか。

　改正民法は、債務不履行による損害賠償の請求をすることができる場合において、債権者は、「債務が契約によって生じた場合において、その契約が解除され、又は債務の不履行による契約の解除権が発生したとき」は、「債務の履行に代わる損害賠償の請求をすることができる」と定めています（改正民法415条2項3号）。「債務の履行に代わる損害賠償」は、填補賠償（「てんぽばいしょう」と読みます）と呼ばれます。注意が必要なのは、「その契約が解除され」という部分について、法定解除に限定されず、合意解除も含まれる点です。契約を合意解除する場合には、通常、合意解除に関する書面を当事者間で締結すると思われますが、その書面において損害賠償について定めていない限り、上記規定が適用され、填補賠償が認められることになります。

3. 本事例について

　本事例では、X社は引渡期日にX社の都合でタピオカでん粉を納入していないことから、X社の責めに帰すべき事由で債務不履行に陥っているため、Y社のX社に対する損害賠償請求権が発生していると考えられます。また、契約が合意解除されれば、改正民法415条2項3号の填補賠償の要件もみたされることになります。X社としては、填補賠償の規定の適用を排除したいと考えるのであれば、合意解除の書面で、損害賠償について明確に定めておく必要があります。

【旧民法の場合と適用関係】

　旧民法では、填補賠償に関する規定は明文で定められていませんでした。改正民法415条２項は、填補賠償について明文化し、填補賠償が認められる場合を明確にしたものであるといえるでしょう。

　なお、施行日（2020年４月１日）前に債務が生じた場合（施行日以後に債務が生じた場合であって、その原因である法律行為が施行日前にされたときを含みます）における債務不履行責任については、改正民法415条２項は適用されず、旧民法の規定が適用されます（改正民法附則17条１項）。

代金の支払遅延と遅延損害金

事例17≫
　当社は、オフィス家具・什器の販売業を経営しているX社です。当社は、2020年4月10日、Aが設立したばかりのY社から、新しく立ち上げた事務所で使用するオフィス家具と什器の発注を受けました。2020年4月30日、当社は、Y社から発注を受けたオフィス家具と什器をY社のオフィスに納品しました。代金は合計300万円で、支払期限は2020年5月31日とする約束でした。しかし、2020年5月31日を過ぎてもY社から代金300万円の支払がなされなかったため何度か督促を行い、支払期限から4ヵ月が経過した2020年10月1日に300万円が当社の口座に振り込まれました。

Q 代金の支払が遅れた場合の遅延損害金について特に定めていなかったのですが、X社はY社に対して遅延損害金を請求することはできるのでしょうか？　また、その金額はいくらになるのでしょうか？

A Y社に対して、3万円の遅延損害金を請求することができると考えられます。

解説

2020年 4月10日	2020年 4月30日	2020年 5月31日	2020年 10月1日
Y ↓ X 発 注	X ↓ Y 納 品	代 金 支 払 期 限	Y ↓ X 代 金 支 払

1. 遅延損害金とは

　お金を支払う債務のことを金銭債務といいます。金銭債務について支払が遅れた場合には、遅延損害金を請求することができます。では、遅延損害金の金額は、どのようにして計算するのでしょうか。

　改正民法419条は、「金銭の給付を目的とする債務の不履行については、その損害賠償の額は、債務者が遅滞の責任を負った最初の時点における法定利率によって定める。ただし、約定利率が法定利率を超えるときは、約定利率による。」というルールを定めています。平たく言うと、「代金の支払が遅れた場合には、遅れた時点の法定利率で損害賠償額を計算します。ただし、約束した利率の方が法定利率よりも高いときには、約束した利率で損害賠償額を計算します。」ということです。このルールのなかに、「法定利率」という言葉が出てきますが、「法定利率」とはどういうものなのでしょうか。

2. 法定利率とは

　「法定利率」については、改正民法404条で定められています（法律で定められているので「法定利率」といいます）。法定利率のルールについて整理すると、以下のようになります。

①改正民法が施行された時点では法定利率は年３％とします。

②法定利率は３年を１期として３年ごとに見直され、変動する場合があります。

③３年ごとの見直しは、以下の基準で行われます。なお、以下の基準における「基準割合」とは、短期貸付の平均利率です。

> ■ （当期の基準割合 − 直近変動期の基準割合）＜１の場合
> ⇒ 変動なし。

> ■ （当期の基準割合 − 直近変動期の基準割合）≧１の場合
> ⇒ 変動あり。変動後の法定利率は以下の方法で計算します。
>
> 法定利率＝直近変動期の法定利率＋（当期の基準割合 − 直近変動期の基準割合）
>
> ※１％未満は切り捨て

①と②についてはそれほど難しくありませんが、③については上記の説明だけではわかりにくいため、いったん本事例からはなれて、具体的に考えてみます。

■（当期の基準割合－直近変動期の基準割合）＜１の場合

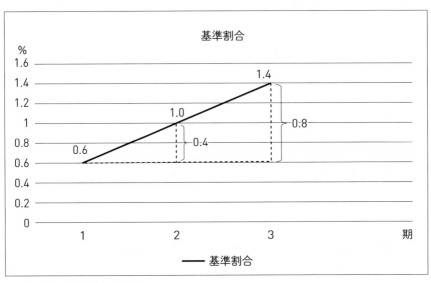

※第1期の法定利率は年3%

　第１期の法定利率は３％です。第１期の基準割合が0.6％、第２期の基準割合が1.0％、第３期の基準割合が1.4％と仮定した場合、第２期と第３期の法定利率はどうなるでしょうか。

<＜第２期の法定利率＞
　当期の基準割合－直近変動期の基準割合＝1.0％－0.6％
　　　　　　　　　　　　　　　　　　　　　＝0.4％>

　当期の基準割合と直近変動期の基準割合の差が１％未満のため、第２期の法定利率の変動はなく、３％のままになります。

<第3期の法定利率>
　当期の基準割合－直近変動期の基準割合＝1.4％－0.6％
　　　　　　　　　　　　　　　　　　　＝0.8％

　当期の基準割合と直近変動期の基準割合の差が1％未満のため、第3期
の法定利率の変動はなく、3％のままになります。

■（当期の基準割合－直近変動期の基準割合）＞1の場合

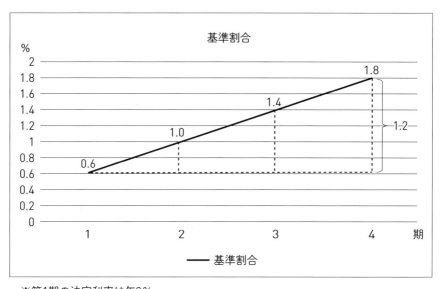

※第1期の法定利率は年3％

　では、第4期の基準割合が1.8％まで上昇した場合、法定利率はどうな
るのでしょうか。

<第4期の法定利率>
    当期の基準割合 − 直近変動期の基準割合＝1.8％−0.6％
                                        ＝1.2％

　当期の基準割合と直近変動期の基準割合の差は1.2％であり1％以上となっています。第4期の法定利率は、上記差の1％未満の部分（0.2）を切り捨てて計算します。

第4期の法定利率
    ＝直近変動期の法定利率＋基準割合の差（1％未満切り捨て）
        ＝3％＋1％
        ＝4％

　以上のとおり、第4期の法定利率は4％となります。

3. 本事例の遅延損害金

　では、本事例の検討に戻りましょう。本事例では、支払期限である2020年5月31日から4か月が経過した2020年10月1日に、Y社からX社の口座に300万円が振り込まれたのでした。

　2020年5月31日時点ではまだ第1期ですので、本事例で適用される法定利率は年3％です。本事例の遅延損害金の計算は以下のとおりとなります。

300万円 × 3％ × （4／12か月）＝ 3万円

以上から、本事例でX社はY社に対して、３万円の遅延損害金を請求することができると考えられます。

【旧民法の場合と適用関係】

　改正前は、民事法定利率は年５％、商事法定利率は６％と定められていましたが、改正民法では上記のとおり３％の変動制に統一されています。これは、市場金利が低金利で推移している状況にあわせた改正です。もし、本事例について改正前の法定利率で計算した場合には、遅延損害金はより大きな金額となるので、その意味で、法定利率に関する改正は、遅延損害金を請求する債権者に不利に影響する改正であるともいえるでしょう。なお、改正民法施行前に債務者が遅滞の責任を負った場合における遅延損害金については、改正民法施行後も５％のままです（改正民法附則17条３項）。

原始的に不能な契約と損害賠償責任

事例18≫　当社は、中古の食品製造・加工機器の販売事業を営んでいるX社です。2020年４月10日、Y社の倉庫に保管中の食品加工機器をY社から100万円で買い取る売買契約を締結し、同年４月15日に代金100万円を支払いました。ところが、売買契約締結の前日に、食品加工機器は、Y社の従業員の不注意による火事で焼失していたことが判明しました。Y社とは長年取引をしており、Y社は、当社がY社から買い取った食品加工機器を転売して利益を上げていることを当然認識しています。

Q　X社は、Y社に対して、食品加工機器を転売して得るはずだった利益100万円の損害の賠償を請求できるでしょうか？

A　Y社に対して、転売利益100万円の損害の賠償を請求することができると考えられます。

解説

2020年4月9日	2020年4月10日	2020年4月15日
食品加工機器焼失	X・Y売買契約締結	X→Y代金支払

1. 原始的不能と契約の効力

　本事例では、売買契約締結前に食品加工機器が火事で焼失してしまっているため、契約成立時点で、Y社が食品加工機械を引き渡す債務を履行することが不可能な状況となっています。契約成立時点ですでに債務を履行することが不可能である場合（これを「原始的不能」といいます）、そもそも、契約自体、有効に成立しているといえるのでしょうか。

　改正民法では、「契約に基づく債務の履行がその契約の成立の時に不能であったことは、第415条の規定によりその履行の不能によって生じた損害の賠償を請求することを妨げない」と定めています（改正民法412条の2第2項）。これは、原始的不能の場合であっても、契約自体は有効に成立することを前提にしています。したがって、改正民法の下では、A社との間の売買契約は有効に成立していることになります。

2. 損害賠償請求は可能なのか？

　では、売買契約が有効に成立しているとして、Y社に対して損害賠償を請求することはできるのでしょうか。

　債務者が契約に基づく債務を履行しない場合には、損害賠償請求をすることができます（改正民法415条）。これを債務不履行に基づく損害賠償請求といいます。ただし、債務の不履行が債務者の責めに帰することができない事由によるものであるときは、損害賠償請求はできません。本事例では、Y社の従業員の不注意による火事で食品加工機械が焼失してしまっているので、損害賠償請求ができると考えられます。

3. いくらの賠償ができるのか？

　上記のように損害賠償請求ができるとしても、転売利益100万円を損害として請求できるのでしょうか。

　債務不履行に基づく損害賠償請求における損害の範囲には、転売利益の

ような、契約がきちんと履行されれば得ることができたであろう利益（これを「履行利益」といいます）も含まれると考えられています。また、改正民法では、「特別の事情によって生じた損害」については、「当事者がその事情を予見すべきであったとき」に限り、債務不履行に基づく損害賠償請求ができると定めていますが（改正民法416条2項）、本事例では、X社がY社から仕入れた食品加工機器を転売して利益を上げていることを、Y社は認識しています。

したがって、本事例で、X社はY社に対して、転売利益100万円の損害賠償を請求することができると考えられます。

> **【旧民法の場合と適用関係】**
> 　旧民法では、原始的不能の場合のルールについては何も定められていませんでした。もっとも、初めから履行ができない契約は無意味であるため、原始的不能な契約は無効であると旧民法の下では解釈されていました。この場合、契約は有効に成立していないため、有効な契約の成立を前提にする債務不履行に基づく損害賠償請求は認められていませんでした。
> 　なお、施行日（2020年4月1日）前に債務が生じた場合（施行日以後に債務が生じた場合であって、その原因である法律行為が施行日前にされたときを含みます）については、改正民法412条の2第2項は適用されず、旧民法の規定が適用されます（改正民法附則17条1項）。

当事者双方に責任のない理由で債務の履行が不能になった場合

事例19≫ 　当社は、自然食品を販売しているX社です。当社は、経営の多角化の一環として、当社で取り扱っている自然食品を使った料理を提供するレストランの出店を決定しました。複数の物件を検討した結果、2020年6月30日、当社は、Yが郊外の山の麓に所有している店舗を、代金1,000万円、引渡日2020年7月20日、支払期限2020年7月30日とする条件で購入する売買契約を締結しました。ところが、店舗の引渡しを受ける前に大雨が降り続き、店舗の裏にある山で土砂崩れが発生して、店舗は土砂に流され全壊してしまいました。Yから、売買契約は成立しているという理由で、代金の支払を求められています。

Q 店舗の引渡しを受けることはできなくなってしまっているのですが、X社は代金の支払を拒むことはできないのでしょうか？

A 代金の支払を拒むことができると考えられます。

解説

1. 履行不能の判断方法

　本事例では、店舗が土砂に流されて全壊してしまっているため、YがX社に店舗を引き渡すことができなくなっています。このように、債務の履行が不能になってしまうことを「履行不能」といいます。では、履行不能になっているかどうかはどのように判断するのでしょうか。

　改正民法412条の2第1項は、「債務の履行が契約その他の債務の発生原

因及び取引上の社会通念に照らして不能であるときは、債権者は、その債務の履行を請求することができない」と定めています。この文言からわかるとおり、履行不能になっているかどうかは、「契約その他の債務の発生原因及び取引上の社会通念に照らして」判断することになります。本事例では、店舗が全壊しているので、Yの引渡義務が不能になっていることは明らかでしょう。

　したがって、本事例では、X社は店舗の引渡しを求めることはできません。

2. 一部の損傷などの場合

　では、本事例と異なり、土砂によって店舗の外壁が一部汚れてしまった場合はどうでしょうか。たしかに、外壁が汚れているとお客さんに対する印象は悪いでしょう。しかし、飲食店として使用することができなくなったわけではありませんので、店舗を購入する目的が実現できなくなるわけではありません。したがって、この場合は、履行不能になっているとはいえないでしょう。

　このように、債務が履行不能になっているかどうかは、何についてどのような目的で契約しているかなどを考慮して判断することになります。

3. 代金の支払について

　では、本事例で、X社は、店舗の引渡しを受けることができなくなったにもかかわらず、代金を支払わなければならないのでしょうか。

　本事例では、売買契約が成立した後、店舗の引渡し前に、X社とYのいずれにも責任のない大雨による土砂崩れによって、店舗が全壊しています。このような場合に、代金を支払わなければならないかの問題を、「危険負担」の問題といいます。

　この「危険負担」の問題について、改正民法536条1項は、「当事者双方の責めに帰することができない事由によって債務を履行することができな

くなったときは、債権者は、反対給付の履行を拒むことができる。」と定めています。このような考え方を、不能になった債務の債務者（本事例のY）が、危険を負担するという意味で「債務者主義」といいます。本事例の場合、この債務者主義の考え方にしたがい、X社は代金の支払を拒むことができます。

【旧民法の場合と適用関係】

　旧民法では、本事例のようなケースで、不能になった債務の債権者（本事例のX社）が危険を負担する（代金の支払義務がある）という考え方（「債権者主義」といいます）が採用されていました（旧民法534条）。しかし、債権者主義の考え方には批判も多く、改正により旧民法534条は削除されました。なお、契約で危険負担について定めている場合には、契約で定めた内容で処理されることになります。

　旧民法と改正民法の適用関係については、施行日前に締結された契約に係る危険負担について、旧民法が適用されます（改正民法附則30条1項）。

第 **3** 章

契約類型による
業務活動への影響

第3章では、各契約類型に対して、民法改正が事業活動にどのような影響を及ぼすのかについて、事例形式で解説します。

1.『仕入れ・販売』と民法改正

　第1節では、事業活動において基本となる『売買契約』に関する民法改正の影響について、解説します。特に、従来、「瑕疵担保責任」と呼ばれていたものが、契約不適合責任などと呼ばれるものに改められ、その法的性質も大きく変更となったところですので、実務への影響を中心に解説します。

2.『他者への業務委託等』と民法改正

　第2節では、事業活動上多く存在する自社の業務を外部の会社や個人事業主などに依頼する外注等に関して、民法改正がどのような影響を与えるのかについて解説します。他者への業務委託、外注などは、基本的にはその委託内容により、請負契約や委任契約に分類されるものと考えられますので、請負契約の改正点（事例26〜28）、委任契約の改正点（事例29、30）について、事例をもとに解説します。

3.『物（事務所など）の貸し借り』と民法改正

　第3節では、事務所の貸し借りなどに影響を与える賃貸借契約の規律の改正点（事例31〜33）や無償による貸し借りである使用貸借契約の規律の改正点（事例34）について解説します。

4.『従業員の雇用管理』と民法改正

　第4節は、人を雇用することに影響を与える雇用契約の規律の改正点についてです。この分野については、そもそも労働基準法等の特別法により民法が修正されている部分が多いものの、民法改正により実務に影響を及ぼす部分も存在しますので、その点について事例形式で解説します。

『仕入れ・販売』と民法改正

欠陥商品の取換えを請求できるか？

事例20≫

当社（X社）は、介護事業を営む会社です。当社は、Y社から、利用者様に使っていただくリハビリ用のトレーニング機器10機を800万円で購入しましたが、このうち２機について、他の８機と同じ操作をしても、タッチパネルがうまく動作しない機器がありました。

当社としては、他の８機と同じような問題のない機器の取換えを求めたいと思っておりますが、Y社は２機分の代金160万円の返金をするが、機器の取換えには応じられないといっています。

なお、契約書には、Y社が契約不適合責任（瑕疵担保責任）を負わない旨の記載はありません。

Q X社は、Y社に対し、問題のないトレーニング機器２機の引渡しを求めることができるのでしょうか？

A X社は、２機の引渡しがA社に不相当な負担を課すものでない限り、Y社に対し、問題のないトレーニング機器２機の引渡しを求めることができます。

解説 本事例では、契約の目的に適合しない商品について、適合する製品の引渡しを求めることができるか否かが問題になります。

1. 改正民法の原則的な規律

改正民法では、「引き渡された目的物が種類、品質又は数量に関して契約の内容に適合しないものであるときは、買主は、売主に対し、目的物の修補、代替物の引渡し又は不足分の引渡しによる履行の追完を請求することができる。」という規定があります（改正民法562条1項本文）。

この規定によれば、X社は、契約の内容に適合しないトレーニング機器2機について、「目的物の修補、代替物の引渡し」を求めることができます。また、このほかに代金の減額や（一部）解除、損害賠償もすることができます（改正民法563条、564条）。

これらのいくつか取り得る方法のうちいずれを求めるかは、買主であるX社において選択することができます。そのため、Y社が代金の返金をすると申し出ても、X社が希望すれば、問題のないトレーニング機器2機の引渡しを求めることができます。

2. 改正民法の例外的な規律

もっとも、改正民法562条1項但書は、「ただし、売主は、買主に不相当な負担を課すものでないときは、買主が請求した方法と異なる方法による履行の追完をすることができる。」と定めているため、問題のないトレーニング機器2機の引渡しを求めることがY社に多大な負担を課す場合には、修理や返金等の方法となります。

この「不相当な負担」が具体的に何を指すのかについては、明確な定義がなされていませんので、今後の裁判例等の蓄積を待つことになります。

例えば、このトレーニング機器がすでに生産を終了しており、Y社が調達することも、製作することも困難といえる状況であるケースなどでは、取換えを求めることができないとされる可能性があります。また、簡単な修理で問題を取り除ける場合で、修理の方がY社の負担が格段に軽い場合には、修理による追完しか請求できないこともあり得るでしょう。

【旧民法の場合と適用関係】

　旧民法において、この種の規定は「瑕疵担保責任」と呼ばれ、不具合は「瑕疵」と呼ばれており、改正民法のような追完を認める規定は置かれていませんでした。改正民法では、瑕疵担保責任は「契約不適合責任」と呼ばれ、「瑕疵」は「種類、品質又は数量に関して契約の内容に適合しない」という概念に置き換えられました。同概念は、瑕疵の概念と変わらないと考えられています。

　改正民法と旧民法の適用関係は、売買契約の締結日が施行日より前か後かによって判断されます（改正民法附則34条1項）。そのため、X社とA社の間の売買契約締結日が2020年4月1日以降であれば、本規定の適用を受けることになります。

商品の欠陥を理由とする代金の減額の請求に応じなければならないのか？

事例21≫

当社（X社）は、自動車のメーカーです。当社は、Y社に対して、新車の自動車（甲）を200万円で売却する契約を締結し、甲を引渡しましたが、引渡しの翌日、Y社から甲のトランク内に傷や汚れがあることを発見したとの連絡がありました。

その後、当社もY社に赴き甲のトランク内を確認したところ、確かに傷や汚れがあり、傷跡等から製造段階でついてしまったものであることが判明しました。

Y社は、トランク内の傷や汚れではあるため修理は不要であるものの、新車を購入したのに傷や汚れがあることはあり得ないとして、1週間以内に新しい車を納入するか、それができなければ修理代金相当額20万円の減額を当社に対して求めています。

当社としては、新しい自動車の在庫はなく、減額にも応じたくないため、無償での修繕ができないものかと悩んでいます。

なお、契約書には、当社が契約不適合責任（瑕疵担保責任）を負わない旨の記載はありません。

Q X社は、Y社からの減額請求に応じる必要があるのでしょうか？

A X社は、新しい自動車を納品できないのであれば、減額に応じる必要があります。

解説 本事例では、契約の目的に適合しない商品について、代金の減額請求が認められるか否かが問題になります。

1. 改正民法の規律

改正民法では、契約の目的に適合しない商品について、「買主が相当の期間を定めて履行の追完の催告をし、その期間内に履行の追完がないときは、買主は、その不適合の割合に応じて代金の減額を請求することができる。」という規定があります（改正民法563条1項）。

この規定によれば、Y社は、自動車甲を新しいものに取換える旨の催告をX社に対して行い、X社がこれに応じない場合には、不適合の割合に応じて代金の減額を請求することができることになります。

2. 本事例へのあてはめ

本事例では、X社に新しい自動車の在庫はないということであるため、1週間以内に新しいものに取換えることはできない可能性が高いといえます。そうすると、20万円という減額が妥当であるか否かは措くとして、Y社からの代金減額の要求に応じなければなりません。

不適合の割合（減額する金額）の判断について、明確な基準はありませんが、本事例でいえば、傷があったことによる自動車の価値の低下分が減額の割合を算定する上で考慮されるものと考えられます。新車は傷も汚れもないことが前提ですので、傷や汚れの程度にもよりますが、20万円の減額もあり得る範囲といえるでしょう。

【旧民法の場合と適用関係】

　旧民法において、数量不足等の量的瑕疵については代金減額請求が認められていましたが、商品の損傷等の質的瑕疵については認められていませんでした。これは、質的瑕疵の場合には減額の割合の判断が容易でないという理由によりますが、修理代金や価値の低下割合の算定等によって減額の割合を算出することは可能であり、この区別は合理的ではないという批判があったため、民法が改正されることとなりました。

　改正民法と旧民法の適用関係は、売買契約の締結日が施行日より前か後かによって判断されます（改正民法附則34条1項）。そのため、X社とY社の間の売買契約締結日が2020年4月1日以降であれば、本規定の適用を受けることになります。

売買における瑕疵担保責任規定の改正と契約書の条項変更

事例22≫ 当社（X社）は、医療機器の販売メーカーです。当社は、MS法人に対して、医療機器を売買契約の形式で販売していることが多いのですが、この度、民法改正で瑕疵担保責任の規定が変更されるということを聞きました。

当社の契約書には、商法に基づいた検査や、改正前の民法に基づいた瑕疵担保責任の条項があります。

Q X社の契約書の瑕疵担保責任条項について、変更する必要がありますか？　また、変更するとしたら、どのような条項に変更したらよいでしょうか？

A 解説2に記載の条項のように変更すべきです。

解説

1. 民法改正に伴い、契約書の瑕疵担保責任条項を変更すべきか

本事例では、民法改正に伴い、瑕疵担保責任の条項をどのように変更する必要があるか、また、変更するとすればどのように変更すべきかが問題になります。

改正民法では、「瑕疵」という用語がなくなり、「種類、品質又は数量に関して契約の内容に適合しない」という用語に置き換えられました。両者の概念の違いはないと解されていますが、改正民法が施行された後も「瑕疵」という用語を契約書で使用し続けることには問題があるといえます。

また、改正民法では、契約不適合責任を追及する方法として、追完請求

や減額請求が新たに加わることになりました（各請求については、事例20（103ページ）、事例21（106ページ）の解説参照）。そうすると、旧民法に基づいた契約書を使っている場合、契約書に記載されていない請求をされる場合があり、会社にとって不測の事態を招いてしまうおそれがあります。そのため、改正民法施行後は、改正民法に基づいた契約書の記載に変更すべきであるといえます。

2. どのように変更すべきか

　具体的には、製品引渡し後の検査の条項や瑕疵担保責任の条項を、下記のような条項に変更すべきといえます。なお、実際に契約書の記載を変更する場合には、個々の契約書に応じてカスタマイズすべきですので、あくまで例として捉えてください。

第●条（製品の検査・検収）

1　乙（買主）は、甲（売主）から製品受領後遅滞なく、甲乙が協議のうえで決定した検査方法により、製品の種類、品質及び数量の検査を行う。製品の種類、品質又は数量に関して、本契約の内容に適合しないもの（以下「契約不適合」という。）を発見した場合には、乙は、製品受領後●日以内に、不適合の内容を示して、甲に通知する。

2　前項の場合、乙は、甲に対し、●日以上の期間を定めて、製品の修補、代替物の引渡し又は不足分の引渡しによる履行の追完を催告し、甲は、乙の選択に従い、履行の追完を行う。

3　前項の催告にもかかわらず、乙の定めた期間内に甲が履行の追完をしないときは、乙は甲に対し、不適合に応じた製品代金の減額を請求することができる。

4　乙が、第1項の期間内に同項に定める方法で通知をしなかったときは、製品について、乙の検査に合格したものとみなす。

5　第1項の検査の結果、不合格となった製品であっても、乙の使用目的に支障のない程度の不適合であると乙が認めたときは、甲乙協議によりその対価を減額したうえ、乙はこれを引き取ることができる。この場合、当該不適合により生じた損害は乙の負担とする。

第●条（目的物の契約不適合）

1　第●条の検査では発見できない不適合（但し、数量不足を除く。）がある場合、納品後6か月以内に乙が不適合を発見し、甲に対し、発見後●日以内に不適合の内容を示して通知し、その後、同条2項に定める履行の追完を催告した場合に限り、甲は、乙の選択に従い、同条第2項に定める履行の追完を行う。

2　前項の履行の追完を催告したにもかかわらず、乙の定めた期間内に甲が履行の追完をしないときは、乙は甲に対し、当該不適合に応じた製品の代金減額を請求することができる。

3　本条の規定は、乙による損害賠償請求を妨げない。

欠陥商品の買主は契約自体を解除できるのか?

事例23≫

当社(X社)は、衣類の卸売業を営んでいる会社です。2020年5月1日、Y社より、営業用の社用車として、中古自動車aを100万円で購入する旨の売買契約を締結し、売買代金100万円を支払いました。しかし、Y社より中古自動車aの引渡しを受けたところ、すぐにエンストを起こし、まともに動かないものであることが判明しました。

当社は、中古自動車aにこのような不具合があることが判明した後すぐに、Y社に対してその旨を伝え、1か月以内に修理するよう求めましたが、Y社は、引渡し前に点検したがそのような不具合はなかったとして、現状の確認もしませんし、1か月以内という期限をすぎても修理の要請に全く応じません。

Q このままでは、購入した中古自動車aを使用することはできないため、売買契約を解除して、Y社から売買代金100万円を返還してもらいたいのですが、可能でしょうか?

A 売買契約を解除し、Y社から売買代金100万円を返還してもらうことができると考えられます。

解説

1. 改正民法の規律

改正民法564条では、売買契約において引き渡された目的物が種類、品質又は数量に関して契約の内容に適合しないものであるときは、債務不履行に基づく解除の規定(催告解除につき改正民法541条、無催告解除につき改

正民法542条）に従い、売買契約を解除することができるものとされています。そして、催告解除について定める改正民法541条は、「当事者の一方がその債務を履行しない場合において、相手方が相当の期間を定めてその履行の催告をし、その期間内に履行がないとき」は、契約の解除が可能としています。

2. 本事例へのあてはめ

(1)解除は可能か

本事例において、Y社から購入した中古自動車aは、すぐにエンストを起こし、まともに動かない状態であったのですから、X社とY社との売買契約で予定した目的物の品質に適合しないものであり、Y社はXY間の売買契約における債務を履行をしなかったものといえます。そして、X社は、1ヵ月以内という相当な期間を定めてY社に修理を求めたにもかかわらず、Y社はこれに応じていませんので、X社は、改正民法541条本文に基づき売買契約を解除できると考えられます。

なお、改正民法541条但書では、債務の不履行がその契約及び取引上の社会通念に照らして軽微であるときは、契約を解除することはできないとして、契約の解除ができる場合を限定していますが、本事例では、中古自動車aはエンストにより、まともに動かない状態なのですから、債務不履行は軽微とはいえず、解除が制限されることはないでしょう。

(2)解除後の権利関係

売買契約を解除した場合、契約当事者はお互いに、契約の締結がなかった状態に戻す義務（原状回復義務といいます）を負いますので（民法545条1項本文）、X社は、Y社に対し、支払った売買代金100万円の返還を請求することができます。なお、X社もY社に対して、原状回復義務に基づき、Y社から引渡しを受けた中古自動車aを返還する必要があります。

(3)結論

　したがって、本事例では、X社は、売買契約を解除し、Y社から売買代金100万円を返還してもらうことができると考えられます。

【旧民法の場合と適用関係】

　旧民法では、本事例のように、買主であるX社が選んだ特定の中古車（このような目的物を特定物といいます）の売買契約において、目的物に瑕疵（その種類の物として通常有すべき品質・性能を備えていないこと）があった場合、瑕疵担保責任に基づく解除が可能でした（旧民法570条、566条1項）。改正民法541条とは異なり、解除の前提として履行の催告は必要ありませんでしたが、瑕疵担保責任に基づく解除が認められるためには、売買契約の目的を達成することができないという要件を満たす必要があり（旧民法570条、566条1項）、改正民法541条に定める催告解除の要件と比較すると、瑕疵担保責任に基づく解除が認められるケースは限定的であったといえます。

　改正民法と旧民法の適用関係は、売買契約の締結日が施行日より前か否かによって判断されます（改正民法附則34条1項）。つまり、X社とY社との契約は、2020年4月1日以降である同年5月1日であるため、本事例では、改正民法が適用されます。

欠陥商品であることを理由に商品の転売利益を損害賠償請求できるのか？

事例24≫ 当社（X社）は、中古自動車の仕入れと販売を事業としている小規模の会社です。当社は在庫を抱えない方針であり、中古自動車の購入者を見つけてから、その希望に合う中古自動車を仕入れて、販売するという形態をとっています。中古自動車の購入者Aが見つかったことから、2020年7月1日、中古自動車を販売しているY社より、Aの希望に合った中古自動車aを150万円で購入する旨の売買契約を締結しました。しかし、Y社より中古自動車aの引渡しを受けたところ、すぐにエンストを起こし、まともに動かないものであることが判明しました。エンストの原因は、Y社が劣悪な環境で保管していたことでエンジンに異常が生じたことにあります。エンジンの修復は不可能であり、また、同種のエンジンは絶版になっていて取換えることもできません。Y社と売買契約を締結した時点では、すでにAに対して200万円で転売することが決まっており、Y社は長年の取引先であることから、売買契約を締結する際に、このことを告げていました。

Q X社は、Y社に対して、中古自動車aを転売して得るはずだった利益50万円の損害の賠償を請求できるでしょうか？

A Y社に対して、転売利益50万円の損害の賠償を請求できると考えられます。

解説

1. 改正民法の規律と損賠賠償請求

改正民法564条では、売買契約において引き渡された目的物が種類、品質又は数量に関して契約の内容に適合しないものであるときは、債務不履行に基づく損害賠償の規定（改正民法415条）に従い、損害賠償を請求できるものとされています。本事例において、Y社から購入した中古自動車aは、すぐにエンストを起こし、まともに動かない状態であったのですから、X社とY社との売買契約で予定した目的物の品質に適合しなかったものといえます。

したがって、Y社はXY間の売買契約における債務の本旨に従った履行をしなかったものといえ、X社はY社に対し、これによって生じた損害の賠償を請求することができます（改正民法415条1項本文）。なお、債務者に帰責事由がない場合には、損賠賠償の請求はできませんが（改正民法415条1項但書）、本事例では、エンストの原因は、債務者であるY社が劣悪な環境で保管していたことでエンジンに異常が生じたことにあるのですから、Y社の帰責事由が否定されることはないでしょう。

2. 転売利益を損害賠償請求できるのか

前述のように、Y社に対して損害賠償が請求できるとしても、転売利益50万円を損害として請求することができるでしょうか。

債務不履行に基づく損害賠償請求における損害の範囲には、転売利益のような、契約がきちんと履行されれば得ることができたであろう利益（これを「履行利益」といいます）も含まれると考えられています。

また、改正民法では、「特別の事情によって生じた損害」については、「当事者がその事情を予見すべきであったとき」に限り、債務不履行に基づく損害賠償請求ができるとされていますが（改正民法416条2項）、本事例において、Y社と売買契約を締結した時点では、すでにAに対して200

万円で転売することが決まっており、X社は、Y社と売買契約を締結する際に、このことを告げていたのですから、Y社は、転売によりX社が利益を得ることを予見すべきであったといえます。

　したがって、本事例では、X社はY社に対して、転売利益50万円の損害賠償を請求することができると考えられます。

【旧民法の場合と適用関係】

　旧民法では、本事例のように、買主であるX社が選んだ特定の中古車（このような目的物を特定物といいます）の売買契約において、目的物に瑕疵（その種類の物として通常有すべき品質・性能を備えていないこと）があった場合、瑕疵担保責任に基づく損害賠償請求が可能でした（旧民法570条、566条1項）。瑕疵担保責任は、無過失責任とされており、売主である債務者の帰責事由は不要である一方、瑕疵担保責任に基づき損害賠償請求ができるのは、信頼利益（買主が瑕疵のないものだと信じたことによって被った損害）に限られ、転売利益のような履行利益の請求まではできないと考えられていました。したがって、旧民法では、本事例において、X社は、転売利益50万円の損害賠償請求はできませんでした。

　改正民法と旧民法の適用関係は、売買契約の締結日が施行日より前か否かによって判断されます（改正民法附則34条1項）。つまり、X社とY社との契約は、2020年4月1日以降である同年7月1日であるため、本事例では、改正民法が適用されます。

買主が商品を受け取らない場合の商品管理費用は誰が負担するのか？

事例25≫ 当社（X社）は、工業用機械の製造販売を行っている会社です。2020年6月1日、Y社から、自社工場内に設置する工業用機械の製造を、5,000万円で受注しました。代金は、契約後に半額の2,500万円、工業用機械の引渡し後に残額の2,500万円を支払うとの内容で、まずは2,500万円が支払われました。工業用機械の引渡しは、同年9月30日にY社工場内に設置することにより行うことが合意されています。当社は、Y社の注文通りの工業用機械を完成させ、引渡日である9月30日に、Y社工場に設置するため、Y社に連絡したところ、工業用機械を設置するためのスペース及び設備の確保ができていないため、設置を待ってほしいとの返答がありました。その後、Y社に対し、何度も設置の連絡をしているにもかかわらず、Y社は待ってほしいの一点張りで、未だに引渡しができていません。

Q ① 工業用機械は非常に大きなもので、X社で保管するスペースを確保し続けることが難しいため、現在、外部の倉庫を借りて保管しています。Y社に対して、外部倉庫を借りる費用を請求することはできるでしょうか？

② また、このまま工業用機械を置いておくと、何らかの損傷が生じることも考えられます。X社は、工業用機械の保管についてどのような義務を負うのでしょうか？

A ① X社は、Y社に対し、外部倉庫を借りる費用を請求することができると考えられます。

②　X社は、自己の財産に対するのと同一の注意をもって、工業用機械を保管すれば足ります。

解説

1.　①倉庫を借りる費用の請求について

　いわゆる債権者の受領遅滞（債務の履行を受けることを拒み、又は受けることができないこと）が生じた場合に、当該受領遅滞により増加する履行の費用を請求できるか否かという問題です。この点、改正民法413条2項において、債権者の受領遅滞により債務の履行の費用が増加した場合には、債権者にこれを請求できるものとされています。

　本事例では、X社は、Y社の注文通りの工業用機械を完成させ、引渡日である2020年9月30日に、Y社に連絡したにもかかわらず、Y社工場の受入れ態勢が整っていないために設置ができなかったことから、債権者であるY社は受領遅滞に陥っています。そして、X社が、工業用機械を保管するために借りた外部倉庫の費用は、Y社の受領遅滞により生じた増加費用であるといえ、X社は、Y社に対し、これを請求することができると考えられます。

2.　②商品の保管における注意義務

　改正民法は、債権者の受領遅滞が生じた場合、債務者の保管義務が軽減されるものとしています。すなわち、債権の目的が特定物の引渡しであるときは、債務者は、引渡しまでの間、善良な管理者の注意をもって、その目的物を保管する義務を負いますが（民法400条）、債権者の受領遅滞後は、自己の財産に対するのと同一の注意をもって、保管すれば足りるものとされています（改正民法413条1項）。

　本事例において、前述のとおり、債権者であるY社は受領遅滞に陥っていますから、債務者であるX社の保管義務は、善良な管理者の注意義務で

はなく、自己の財産に対するのと同一の注意義務へと軽減されています。ただし、注意義務が軽減されるからといって、X社が懸念しているように、工業用機械に何らかの損傷が生じた場合にその原因によっては、責任を負うこともあります。

　例えば、雨が当たる場所に漫然と放置しており、商品が故障してしまった等であれば、責任を負うこととなるでしょう。

【旧民法の場合と適用関係】

　旧民法にも受領遅滞に関する規定はありましたが、その効果については、「債権者は、履行の提供があった時から遅滞の責任を負う」（旧民法413条）とするのみで、具体的な内容は定められていませんでした。もっとも、旧民法下でも、①増加費用の負担、②保管義務の軽減について、上記と同様の解釈がなされていたことから、改正民法では、この解釈を明文化し、受領遅滞の効果が明らかにされました。

　改正民法と旧民法の適用関係は、売買契約の締結日が施行日より前か否かによって判断されます（改正民法附則34条１項）。つまり、X社とY社との契約は、2020年４月１日以降である同年６月１日であるため、本事例では、改正民法が適用されます。

---

2 『他社への業務委託』と民法改正

請負契約における納品物の欠陥について責任追及はいつまでできるのか？

事例26≫　当社（X社）は、介護事業を行っている会社です。当社は、システム開発を行っているY社に対し、介護給付費の請求に関する社内システム（以下、「本件システム」といいます）の開発を依頼し、2020年4月1日、本件システムの開発を目的とする請負契約を締結しました。同年9月30日、本件システムは納品され、これを使用していたところ、納品から1年2か月後の2021年11月30日に本件システムに重大な不具合があることが判明しました。当社としては、Y社に不具合の修補を行ってもらいたいと考えています。

Q X社は、Y社に対して、不具合の修補を請求することは可能でしょうか？ 本件システムの納品から長期間が経過しているため、Y社が対応してくれるのか不安に思っています。

A 不具合の修補を請求することは可能と考えられます。

解説

1. 改正民法における修補請求の規律

改正民法において、請負契約における仕事の目的物が、種類または品質に関して契約の内容に適合しない場合（これを契約不適合といいます）には、売買契約の担保責任の規定が準用される結果、注文者は、請負人に対して、修補請求を行うことが可能です（改正民法562条、559条。一部例外があることや、その他の請求も可能であることは、事例27（124ページ）参照）。

2. 改正民法における責任追及の期間制限と起算点

また、X社が懸念している請負の契約不適合責任における期間制限について、改正民法では、注文者がその不適合を知った時から1年以内にその旨を通知しなければならないとしています（改正民法637条1項）。

この期間制限の起算点（計算の開始時点）は、不適合を「知った時」であり、仕事の目的物の引渡時ではありません。また、請負人が仕事の目的物を引渡した時（引渡しを要しない場合には、仕事の終了時）に、不適合の事実を知っていた、もしくは知らなかったことにつき重大な過失があった場合には、この期間制限は適用されません（改正民法637条2項）。

3. 本事例へのあてはめ

　本事例において、重大な不具合が発生しており、納品時から1年2か月経過していますが、不具合が判明した時から1年以内に、X社がY社に対し、その旨を通知することにより、本件システムの修補請求を行うことは可能となります。

【旧民法の場合と適用関係】

　旧民法において、請負契約の目的物に瑕疵があった場合の請負人の担保責任（その内容については、事例27（124ページ）参照）は、仕事の目的物の引渡時（引渡しを要しない場合には、仕事の終了時）から1年、建物などの土地の工作物については、5年または10年に制限されていました（旧民法637条、638条）。したがって、本事例では、仕事の目的物である本件システムの納品から1年以上が経過しているため、X社の請求はこの期間制限にかかり、認められません。改正民法において、請負契約における契約不適合には、売買契約の担保責任の規定が準用されることと平仄を合わせ、その期間制限についても、売買と同様に、その不適合を知った時を起算点として1年以内と変更されました。また、これに伴い、建物などの土地の工作物について特別の期間制限を定めていた旧民法638条も削除され、請負における契約不適合責任の期間制限は、不適合を知った時から1年間に統一されました。

　改正民法の規律は、施行日前に締結された請負契約には適用しないと規定されています（改正民法附則34条1項）が、本事例では請負契約の締結が施行日である2020年4月1日であるため、改正民法が適用となります。

請負契約における納品物の欠陥への対応

当社（X社）は、運送業を営んでいる会社です。当社は、2020年5月1日、システム開発を行っているY社との間で、社内業務を効率化するシステム（以下「本件システム」といいます）の開発に関して請負契約を締結しました。本件システムは、契約どおり、同年9月30日に納品され検収も終了しました。しかし、納品から約3か月が経過した同年12月20日、本件システムに不具合があり、正常に稼働しないことが判明しました。

Q X社は、Y社に対して、本件システムに不具合があることを理由として、どのような請求ができるでしょうか？

A X社のY社に対する請求として、①修補請求、②報酬減額請求、③契約の解除、及び④損害賠償請求が考えられます。

解説 改正民法において、請負契約における仕事の目的物が、種類または品質に関して契約の内容に適合しない場合（これを契約不適合といいます）には、売買契約の担保責任の規定が準用されます（民法559条）。これにより、注文者は、請負人に対して、①修補請求（改正民法562条、559条）、②報酬減額請求（改正民法563条、559条）、③契約解除（改正民法564条、541条、542条、559条）、④損害賠償請求（改正民法564条、415条、559条）を行うことができます。

　ただし、契約不適合が注文者の提供した材料または注文者の与えた指図により生じた場合には、注文者は、これらの請求を行うことはできません（改正民法636条本文）。この場合でも、請負人が、材料または指図が不適当

であることを知りながら告げなかったときは、なお請求可能です（改正民法636条但書）。本事例では、X社にこのような事情はありませんから、改正民法636条本文により、X社の請求が妨げられることはありません。

以下、①〜④について、順に見ていきます。

1. ①修補請求について

X社は、Y社に対して、本件システムの不具合の修補請求が可能です（改正民法562条、559条）。ただし、その不具合が重要ではなく、また修補に相当の費用がかかるというような場合には、履行不能として、修補請求が認められないこともあり得ます（改正民法412条の2第1項）。

2. ②報酬減額請求について

X社がY社に、相当の期間を定めて、不具合の修補請求をしたにもかかわらず、その期間内に修補がなされない場合には、その不適合の程度に応じて報酬減額請求ができます（改正民法563条1項、559条）。なお、不具合の修補が不能であるなど、一定の場合には、不具合の修補請求を行うことなくして、報酬減額請求ができる場合もあります（改正民法563条2項、559条）。

3. ③契約の解除について

X社は、債務不履行に基づく解除の規定に従い、請負契約の解除が可能です（改正民法564条、541条（催告解除）、542条（無催告解除）、559条）。後述のとおり、旧民法では、瑕疵担保責任に基づく解除は、契約の目的を達成できない場合にのみ可能でしたが、改正民法ではこのような制限はなく、改正民法541条に従えば、X社がY社に対し、相当の期間を定めて不具合の修補を求めたにもかかわらず、同期間内に不具合の修補がなされない場合には、その不具合が軽微である場合を除き、解除は可能と考えられます。

4. ④損害賠償請求について

本件システムの不具合によってX社に損害が生じた場合には、Y社に対し、債務不履行に基づく損害賠償の規定により、その損害の賠償を請求することができます（改正民法564条、415条、559条）。なお、修補に代えて修補費用相当額を損害として請求する場合（いわゆる填補賠償の場合）には、請負人であるY社が修補を拒絶する意思を明確にしたこと、または、請負契約が解除されたことなど、改正民法415条2項所定の要件を満たす必要があると考えられます。

【旧民法の場合と適用関係】

旧民法は、請負契約において、仕事の目的物に瑕疵がある場合、①修補請求（旧民法634条１項）、②契約解除（旧民法635条）、③損害賠償請求（旧民法634条２項前段）ができる旨定めていました。したがって、旧民法下においても、X社は、Y社に対し、瑕疵担保責任に基づき、改正民法と同様に①～③を行うことが可能でしたが、それぞれ要件に違いがありました。例えば、旧民法のもとでは、修補請求について、瑕疵が重要でなく、修補に過分な費用を要するときは、修補請求はできないとされていましたが（旧民法634条１項但書）、改正民法には、このような制限はありません。ただし、改正民法のもとでも、このような場合には、改正民法412条の２第１項により修補請求が認められない可能性があることは前述のとおりです。また、契約解除ができるのは、目的物に瑕疵があることにより契約の目的を達成できない場合に限られており、目的物が建物その他の土地の工作物である場合には、一律に解除はできませんでしたが、改正民法では、このような制限もなくなりました。さらに、旧民法には、報酬減額請求に関する規定はありませんでしたが、改正民法により新設されました。改正民法では、請負人の瑕疵担保責任の規定を削除し、仕事の目的物が種類または品質に関して契約の内容に適合しないものである場合について、売買の担保責任を準用することとした結果、上記のような様々な変更が生じました。

民法改正の規律は、施行日前に締結された請負契約には適用しないと規定されています（改正民法附則34条１項）が、本事例では請負契約の締結が2020年４月１日以降である2020年５月１日であるため、改正民法が適用となります。

請負契約が途中で終了した場合の報酬の取扱い

当社（X社）は、システム開発を行っている会社です。建設業を営んでいるY社から、受注案件の進捗管理などを行う社内システム（以下、「本件システム」といいます）の開発の依頼を受け、2020年7月1日、本件システムの開発を目的として請負契約を締結しました。本件システムは、AとBという部分に分かれており、先にA部分を開発し、その後B部分を開発することとなりました。A部分とB部分は機能上関連性を有し、両者を結合して本件システム全体が完成するのですが、開発の関係上、先にA部分を完成させた後に、B部分の開発を行った方が効率的であることから、このような進め方となったのです。当社は、2020年10月31日、A部分の開発を完成させてY社に納品し、検収も終えました。その後、B部分の開発段階に移行したのですが、当社の開発担当者が急に退職してしまったことから、開発業務が大幅に遅延し、納期までにB部分を開発することができず、本件システムは完成しませんでした。納期を過ぎてから何度も本件システムの納品を催促されましたが、本件システムは完成せず納品できずにいたところ、とうとうY社から請負契約を解除されるに至りました。その後、Y社は、他のシステム開発会社に依頼し、B部分を作成し、当社が作成したA部分と結合して本件システムを完成させたようです。請負契約における委託料は、本件システム全体の納品後の支払となっており、契約が途中で終了した場合における委託料の支払に関する規定はないため、Y社から全く委託料を支払ってもらっていません。

Q X社は、Y社に対して、請負契約における委託料を支払ってもらうことができるでしょうか？

A 委託料の全額を請求することはできませんが、一部については請求できると考えられます。

解説

1. 請負契約と改正民法

　請負契約は、仕事の完成を目的とした契約であり、仕事が完成した後でないと、報酬の請求はできません。今回の請負契約における委託料も、本件システム全体の納品後の支払とされていることから、本件システム全体の納品がなされていない本事例においては、X社は、Y社に対して、委託料の支払を請求できないのが原則です。

　もっとも、改正民法634条2号は、請負契約が仕事の完成前に解除されたときであっても、請負人が既にした仕事の結果のうち可分な部分の給付によって注文者が利益を受けるときは、その部分を仕事の完成とみなし、注文者の受ける利益の割合に応じて報酬を請求できることとしており、仕事の完成前であっても報酬の一部を請求することができる旨定めています。

2. 本事例へのあてはめ

　本事例では、本件システムの完成前に、XY間の請負契約は解除されてしまっています。しかし、X社は、本件システムのうちA部分については完成させており、Y社は、他のシステム開発会社に依頼し、B部分を作成し、X社が作成したA部分と結合して本件システムを完成しています。本件システムのうち、A部分とB部分は可分であり、Y社は、X社が作成したA部分を利用して本件システムを完成させたのですから、Y社は、X社がした仕事の結果のうち、可分な給付によって利益を得ているといえます。

　したがって、X社は、Y社に対して、A部分の作成について、Y社が利

益を受ける割合に応じて、委託料を請求することができると考えられます。そして、X社が請求できる委託料の金額は、本件システム全体に占めるA部分の割合を評価し、委託料全体にその割合を乗じた金額とすることが考えられるところです。

【旧民法の場合と適用関係】

　旧民法は、改正民法と同様に、仕事を完成させた場合に報酬を請求できるものとする一方で、仕事が完成しなかった場合に報酬を請求できるとする規定はありませんでした。

　この点につき、工事請負契約に関するものではありますが、判例[(注)]は、工事請負人の債務不履行を原因とする解除により請負工事が途中終了した場合について、工事内容が可分であり、注文者が既施行部分の給付に関して利益を有するときは、特段の事情のない限り、既施行部分に関して契約を解除することはできないとして、既施行部分につき、請負人の報酬請求を認めています。旧民法下でも、これと同様に解して、X社の一部の報酬請求を認めることが考えられるところです。改正民法は、上記のような判例法理を踏まえ、注文者の責めに帰することができない事由によって仕事を完成することができなくなったとき（改正民法634条1号）、又は請負が仕事の完成前に解除されたとき（改正民法634条2号）は、一定の要件のもと、報酬のうち一部の請求を認める旨を明文化したものです。

　改正民法の規律は、施行日前に締結された請負契約には適用しないと規定されていますが（改正民法附則34条1項）、本事例では請負契約の締結が2020年4月1日以降である2020年7月1日であるため、改正民法が適用となります。

（注）　最判昭和56年2月17日判タ438号91頁

委任契約の途中終了と報酬の取扱い

　　　　　当社（X社）は、ウェブマーケティングを専門とする会社
です。当社は、2020年5月1日、化粧品の販売を行っているY社との
間で、ウェブマーティングに関するコンサルティング契約を締結しま
した。コンサルティング業務の具体的な内容は、毎週1回Y社を訪問
し、Y社のウェブマーケティング戦略立案に関する助言を行うことで
す。契約期間は6ヵ月間、委託料は240万円であり、契約期間終了の
1ヵ月後が支払期限となっています。その後、当社は、契約に従い業
務を行っていましたが、当社の深刻な不祥事が発覚したことにより、
契約期間の途中である2020年8月31日をもって契約は終了すること と
なりました。契約終了の原因は当社にあるものの、途中までは契約に
定められた業務を履行したため、Y社に対して、報酬を支払ってもら
いたいと考えています。

Q X社は、Y社に対し、契約に基づく報酬を請求することはできる
のでしょうか？

A X社は、契約終了までに履行した業務に相当する部分についての
報酬を請求することができると考えられます。

解説

1. 委任契約の類型と改正民法

　本事例におけるコンサルティング契約は、ウェブマーケティング戦略立
案に関する助言業務という「法律行為でない事務の委託」を行うものとし
て、準委任契約にあたると考えられます（民法656条、643条）。

（準）委任契約が途中で終了した場合における報酬請求の可否について、改正民法は、以下の2つの類型に区別し、異なる規定を設けています。

---

①委任事務処理の労務に対して報酬が支払われるもの（履行割合型）
②委任事務処理により得られる成果に対して報酬が支払われるもの（成果完成型）

すなわち、①について、「委任者の責めに帰することができない事由によって委任事務の履行をすることができなくなったとき」、または「委任が履行の中途で終了したとき」には、既にした履行の割合に応じて報酬請求が可能であるとされています（改正民法648条3項各号）。また、同様の場合につき、②では、請負に関する改正民法634条が準用され（改正民法648条の2第2項）、成果の可分な部分から委任者が利益を受ける場合には、その利益を受ける割合に応じて報酬を請求することができます。

2. 本事例へのあてはめ

本事例では、コンサルティング契約における業務内容は、毎週1回の訪問によるY社のウェブマーケティング戦略立案に関する助言業務であり、報酬の支払に関して、何らかの成果をあげることが条件とされているわけではありませんから、今回のコンサルティング契約は、①委任事務処理の労務に対して報酬が支払われる類型の契約であると考えられます。

したがって、X社は、Y社に対し、「委任が履行の中途で終了したとき」にあたるとして、改正民法648条3項2号に基づき、「既にした履行の割合に応じて」報酬を請求することができると考えられます。そして、今回のコンサルティング契約は、毎週1回の訪問による助言業務を内容とするものであり、契約期間中の業務は均一でしょうから、契約期間6か月間のう

ち、業務が履行された4か月分に相当する160万円（委託料240万円×4／6）を履行の割合に応じた報酬額とすることが考えられるところです。

【旧民法の場合と適用関係】

　旧民法648条3項は、委任が受任者の責めに帰することができない事由によって、履行の途中で終了した場合について、受任者は、既にした履行の割合に応じて報酬を請求することができる旨定め、報酬の一部請求を認めていました。しかし、受任者に帰責事由がある場合には、報酬の請求はできません。本事例では、契約終了に至った原因は、X社の重大な不祥事の発覚にありますから、受任者であるX社に帰責事由があるとして、履行の割合に応じた報酬の請求ができない可能性があります。改正民法は旧民法の規定を変更し、受任者に帰責事由があるか否かにかかわらず、委任が履行の途中で終了した場合には、履行の割合に応じた報酬請求が可能であるとしました。また、上記の②委任事務処理により得られる成果に対して報酬が支払われる類型の委任に関する報酬の規定（改正民法648条の2）も、民法改正により加えられたものです。

　改正民法の規律は、施行日前に締結された委任契約には適用しないと規定されていますが（改正民法附則34条1項）、本事例では委任契約の締結が2020年4月1日以降である2020年5月1日であるため、改正民法が適用となります。

委任を受けた業務を外注することはできるのか？

事例30》 当社（X社）は、システム開発及び保守業務を行う会社です。当社は、自動車部品等を販売するY社から、依頼を受けて商品販売用のウェブサイト（以下、「本件サイト」といいます）を作成し、2020年6月1日、Y社との間で、契約期間を1年間、委託料を月額20万円の条件で、本件サイトの保守・管理業務に関する保守契約を締結しました。しかし、契約締結後すぐに当社の担当者が退職してしまい、人員不足により他の担当者を充てることもできないため、当社で本件サイトの保守管理業務を行うことが難しくなってしまいました。当社としては、Y社との契約はそのままにして、他の会社に再委託をし、保守管理業務を行ってもらいたいと考えています。なお、Y社と締結した保守契約には、再委託に関する特別な規定はありません。

Q X社は、本件サイトの保守管理業務を、他の会社に再委託することはできるのでしょうか？

A 本件サイトの保守管理業務を、他の会社に再委託するには、Y社の承諾が必要であると考えられます。

解説 本件サイトの保守管理業務を内容とする保守契約は、「法律行為でない事務の委託」を行うものとして、準委任契約にあたると考えられます（民法656条、643条）。

（準）委任契約において、受任者が、委託を受けた事務処理について復受任者を選任する（再委託する）場合には、委任者の承諾を得るか、または、やむを得ない事由があることが必要であり（改正民法644条の2第1

項)、無制限に再委託が認められるわけではありません。

　したがって、本事例において、X社が、本件サイトの保守管理業務を他の会社に再委託するためには、Y社から承諾を得る必要があります。なお、「やむを得ない事由」がある場合には、Y社の承諾なくして再委託することはできますが、本事例でやむを得ない事由があるというのは難しいと思われます。

【旧民法の場合と適用関係】

　旧民法において、委任における復受任者の選任（委任事務の再委託）について、固有の規定は存在しませんが、復代理に関する旧民法104条に準じて、本人の承諾を得たとき、または、やむを得ない事由があるときは、再委託が可能と解されていました。したがって、本事例では、旧民法によっても、上記の結論に違いはありません。改正民法では、委任の場合でも、復代理と同様の要件のもとに、再委託が可能であることが明確にされました。

　改正民法は、施行日前に締結された委任契約には適用しないと規定されていますが（改正民法附則34条1項）、本事例では委任契約の締結が2020年4月1日以降である2020年6月1日であるため、改正民法が適用となります。

請負契約と委任契約はどう区別されるのか？

　請負契約は、当事者の一方がある仕事を完成することを約し、相手方がその仕事の結果に対して報酬を支払う契約です（民法632条）。一方、（準）委任契約は、受任者による事務処理を目的とする契約です（民法643条、656条）。両者は、仕事の完成を目的とするか、事務の処理を目的とするかにより区別されます。

　委任契約は、事務処理の委託という部分に重きがあるため、旧民法では、委任事務の履行の割合に応じた報酬の支払が想定されており（旧民法648条3項参照）、仕事の完成に対して報酬が支払われる請負とは、区別されていました。

　もっとも、実務上、契約の媒介を目的とする委任契約において、委任者と第三者との間に契約が成立した場合に報酬を支払うという約定がなされるなど、事務の処理を契約の目的としながらも、報酬の支払方式に関しては、事務処理の結果として一定の成果が達成されたときに、その成果の対価として報酬が支払われる、いわゆる成果完成型の委任の契約類型が用いられることもありました（たとえば、不動産売買の仲介に関する契約など）。このような実態を反映して、改正民法は、成果完成型の委任の報酬に関する規定を新設し、請負に準じた取扱いをすることとしました（改正民法648条の2。詳細は、事例29（131ページ）参照）。

　請負と委任の区別について、もともと困難なケースも多くありましたが、このような民法改正により、請負と委任は、さらに類似性を有するようになり、その区別はますます困難になってきているといえます。

実際、請負にあたるのか、委任にあたるのかの判断に迷うことも多くあると思います。請負や委任に関する民法の規定は任意規定であり、契約当事者間においてこれと異なる取り決めをすることは可能ですから、請負なのか、委任なのかの判断に迷う場合には、契約において、いずれととらえられても不都合のないよう、必要な規定を不足なく入れておくことが重要となります。

賃貸借の期間とそれを超過する契約の有効性

事例31≫　当社は、自動車メーカーのX社です。この度、寒冷地仕様の最新の電気自動車などを開発・販売する計画で、寒冷地にテスト走行用の土地を借りようと考えています。

　運よく、北海道に本社を置くY社が、しばらく使用する予定のない広大な土地を、長期間にわたってテスト走行に使用してよいといってくれ、現在調整が進められています。蓄電池やエンジン回りなどのデータを取りながら、土地の中に研究所を建てて、様々な実験・分析を行う予定です。Y社の社長が変わっても土地を借り続けられるよう、2020年10月1日から、存続期間を100年間として契約を締結したいと考えています。

Q　X社とY社の間で、契約期間を100年間として賃貸借契約を締結できるのでしょうか?

A　X社とY社間で、契約期間を50年間として賃貸借契約を締結することができます。

解説

1. 賃貸借契約の契約期間

(1)法律上の契約期間

　賃貸借契約の契約期間については、民法のほか、借地借家法などに定め

があります。建物の賃貸借契約については借地借家法29条2項によって契約期間に法律上は上限を設けないとされています。建物を所有する目的で土地を賃貸借する場合には、借地借家法3条によって原則として契約期間は30年としつつ、これより長い期間で合意することも可能とされています。

　しかし、重機や、建物の所有を予定していない土地の賃貸借については、借地借家法の適用はなく、原則どおり民法が適用されることになります。

　そして、2020年4月1日以降に締結する賃貸借契約は改正後の民法が適用されます。改正民法では、「賃貸借の存続期間は、50年を超えることができない。」と定められています（改正民法604条1項）。

(2)法律上の契約期間を超える契約の有効性

　本事例では、改正民法604条1項で定められた50年の存続期間を超えるものです。存続期間を100年間とする賃貸借契約は無効になるのでしょうか。

　改正民法604条1項後段では、「契約でこれより長い期間を定めたときであっても、その期間は、50年とする。」と定めています。契約が無効になるのではなく、存続期間を50年として賃貸借契約を締結したと解釈されます。

2. 建物所有を目的とする賃貸借

(1)建物所有目的の意味

　ところで、本事例において、テスト走行用に借りた広大な土地の一部に、テスト走行のデータを管理するための研究所を建てた場合、建物を所有する目的で賃貸借契約を締結したとして借地借家法3条が適用され、100年の賃貸借契約を締結できるのでしょうか。

　判例[注]では建物を所有する目的とは、賃貸借する土地の主な目的が建物を建築して所有することを意味すると理解されており、たとえ土地の一

部に建物を建築して所有する場合であっても、それが賃貸借契約を締結する付随的な目的である場合には、建物を所有する目的にはあたらないとされています。

(注)　最判昭和42年12月 5 日民集21巻10号2545頁

(2) 本事例について

　本事例においては、広大なテスト走行用の土地の一部に研究所を建てたとしても、テスト走行を行うことが主な目的で、研究所の建設については付随的な目的と判断されるでしょう。そのため、建物の所有目的での賃貸借契約とはいえず、原則どおり改正民法604条 1 項が適用され、存続期間を50年として賃貸借契約が成立すると考えられます。

【旧民法の場合と適用関係】

　旧民法においては、存続期間は「20年を超えることができない。」とされていました。そのため、本事例においては、契約期間が20年として賃貸借契約が成立します。建物の所有目的か否かの判断については改正民法の場合と同様です。

　2020年 4 月 1 日以降に締結する賃貸借契約は改正民法が適用になることは本文で述べたとおりです（改正民法附則34条 1 項）。ただし、改正民法604条 2 項については、施行日前に締結された賃貸借が施行日以後に更新される場合にも適用されるため、施行日前に締結された賃貸借であっても施行日以後に更新する場合は、更新の時から50年を上限として更新することができる点に注意が必要です（改正民法附則34条 2 項）。

賃貸人の地位の留保と移転

事例32≫
当社は、不動産業を営むX社です。商業用のビルを所有したり賃借したりして、貸事務所やテナントとして貸し出すことで利益を上げています。

2020年5月1日、当社は、A社が東京都の一等地に所有する商業ビルを買い取り、同日、所有権移転登記も済ませました。当該ビルは貸事務所として使用されており、買い取った時点で5社ほどがA社と賃貸借契約を締結して使用していました。貸事務所として利用しているすべての会社が1年契約で、2020年4月1日に契約を更新し、2021年3月末日までの賃貸借契約となっていたので、その日まではA社に当該ビルを賃貸して、従前からビルに入居している会社との賃貸借契約についてはA社が引き続き賃貸人となることとし、2021年4月1日の契約更新時に当社とA社の賃貸契約を終了し、以降当社が賃貸人となる合意をしました。

A社と賃貸借契約を締結していたうちの1社にY社があります。Y社とA社との賃貸借契約の内容は賃料を毎月20万円、期間が2021年3月末日まで、敷金が80万円です。当該ビルに入居する他の会社からY社に対する評判はあまりよくなく、迷惑になるほどの大きな物音が発生したり、共有部分を壊してしまったりしたこともありました。

2021年4月、Y社は賃貸借契約を更新しましたが、以降、当社がY社に賃料を請求しても、Y社は「契約したのはA社だ。」などといって賃料を支払ってくれず、騒音などについて事情を伺っても門前払いでした。そこで、やむなく2021年7月末日をもって当社から賃貸借契約を解除しました。Y社は事務所を明け渡してくれたものの、事務所内は壁が大きく凹んでいたり、窓のサッシが歪んでいたりする状況で

す。そのうえ、デスクがいくつか放置されていました。

　当社はY社に対し、3ヵ月分の未払賃料、修繕費用、デスクの撤去を請求しようと考えています。

Q X社はY社に対し、未払賃料、修繕費用、デスクの撤去を請求することができるのでしょうか？

A X社はY社に対し、未払賃料、修繕費用、デスクの撤去を請求することができます。

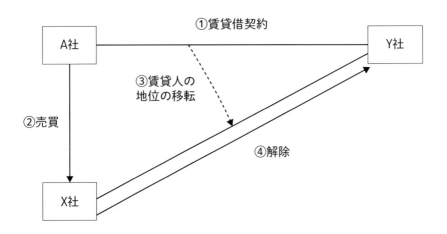

解説

1. 賃貸人の地位の留保

(1)旧民法の場合

　旧民法には明確に賃貸人の地位の移転・留保について規定されていませんでした。判例[注1]においては、賃貸借期間中に、賃貸の目的不動産の

所有権が移転した場合、特段の事情がない限りは、賃貸人の地位は譲受人に当然に移転し、賃借人の同意は必要ないと解釈されていました。また、別の判例[注2]では、目的不動産の売買契約の当事者が賃貸人の地位を譲渡人に留保する合意をしていても、賃貸人の地位の移転を妨げる特段の事情にはあたらないとしていました。

(注1) 最判昭和39年8月28日民集18巻7号1354頁

(注2) 最判平成11年3月25日民集192号607頁

(2)改正民法の場合

改正民法においては、賃貸の目的となる不動産が売買される場合、原則として賃貸人としての地位は譲受人に移転することが明記されました（改正民法605条の2第1項）。また、一定の条件を満たした場合には、譲渡人に賃貸人としての地位を留保しておくことができるようになりました（改正民法605条の2第2項前段）。つまり、譲渡人（A社）と譲受人（X社）の間で、①「賃貸人たる地位を譲渡人に留保する旨」、②「その不動産を譲受人が譲渡人に賃貸する旨」の2つの合意をした場合には、当該不動産の賃貸借契約の賃貸人としての地位は譲渡人（A社）とすることができます。この場合、X社とA社の契約は賃貸借、A社とY社の契約はX社との関係で転貸借となります。

本事例において、仮に2020年5月1日から2021年3月末日の間までに賃料の不払いなどの問題が発生した場合には、A社が賃貸人として対応することになるでしょう。

2. 賃貸人の地位の移転

X社とA社の賃貸借契約は2021年3月末日をもって終了し、これ以降貸事務所の賃貸人はX社になると合意しています。この場合、Y社との賃貸借契約の当事者はだれになるのでしょうか。

改正民法においては、「譲渡人と譲受人又はその承継人との間の賃貸借が終了したときは、譲渡人に留保されていた賃貸人たる地位は、譲受人又はその承継人に移転する」と定められました（改正民法605条の２第２項後段）。

　本事例においては、2021年３月末日でA社とX社との賃貸借契約が終了したことにより、A社とY社の間の賃貸借契約の賃貸人としての地位はX社に移転します。賃貸人の地位の移転に、賃借人の同意は不要です。

　ただし、賃借人のY社に対し、X社が、自分が賃貸人であることを主張するためには、「賃貸物である不動産について所有権の移転の登記をしなければ、賃借人に対抗することができない」とされています（改正民法605条の２第３項）。つまり、X社が当該ビルの所有権を取得した登記をしなければ、賃貸人であることをY社に主張することができず、賃料請求などはできないことになります。

　本事例においては、2020年５月１日に所有権移転登記も済ませているため、X社は賃貸人であることを主張することができます。Y社が「賃貸人はA社である」と主張したとしても、Y社の主張は認められず、X社はY社に対し、賃貸人として未払賃料を請求できることになります。

3. 修繕費用の請求

(1) 賃貸借契約期間中

　賃貸借契約期間中の修繕費用については、旧民法においても定められていました。ただし、条文上は賃借人に帰責事由がある場合にまで賃貸人が修繕する義務を負うことになっていたため、改正民法においては、「賃借人の責めに帰すべき事由によってその修繕が必要となったとき」は、賃貸人は修繕義務を負わないとしています（改正民法606条１項但書）。

(2) 賃貸借契約終了時

賃貸借契約終了時の修繕の問題については、原状回復の問題として処理されています。旧民法においては、原状回復義務について明記されておらず、判例による基準や当事者間の契約の解釈によって解決されていました。

改正民法においては、新たに原状回復義務について規定され、「賃借人は、賃借物を受け取った後にこれに生じた損傷（通常の使用及び収益によって生じた賃借物の損耗並びに賃借物の経年劣化を除く。以下この条において同じ。）がある場合において、賃貸借が終了したときは、その損傷を原状に復する義務を負う。」とされました（改正民法621条本文）。また、通常損耗や経年劣化ではない損傷についても、賃借人に帰責事由がない損傷については、賃借人が原状回復義務を負わないことも明記されました（改正民法621条但書）。

(3) 本事例について

本事例においては、賃貸借契約終了時の修繕費用の問題のため、Y社が原状回復義務を負う損傷か否かが問題になります。貸事務所において、通常の使用方法で壁が大きく凹んだり、窓のサッシが歪んだりすることはないでしょうから、これらの損傷は通常損耗・経年劣化には含まれません。Y社はこれらの損傷を原状に復する義務を負うと考えられ、X社はY社に対し、修繕費用を請求することができます。

4. 敷金との関係

改正民法においては、敷金について新たに規定が置かれ、敷金の定義や敷金返還債務の発生時期、返還すべき金額などが定められました（改正民法622条の2）。これらの規定はこれまでの判例法理を条文化しただけで、旧民法の場合と結論は異なりません。

ただし、賃貸人としての地位が移転した場合には、「敷金の返還に係る

債務は、譲受人又はその承継人が承継する」と新たに規定されました（改正民法605条の2第4項）。

　本事例においては、X社はY社に対し、未払賃料や原状回復費用の請求を行うことができますが、その反面、敷金返還債務をも負うことになります。Y社がA社に支払った敷金は80万円です。X社は未払賃料60万円と修繕に必要な費用を敷金80万円から差し引いて返還すれば足りるでしょう。修繕費用が多額になり、敷金を充当しても足りない場合には、X社はY社に対して残額を請求することができるでしょう。

5. 賃借人の収去義務

　旧民法においては、賃借人が附属させた物については、賃借人に収去する権利があると定められているだけで、収去義務があるか否かは明記されていませんでした（旧民法598条）。改正民法においては、「借主は、借用物を受け取った後にこれに附属させた物がある場合において、使用貸借が終了したときは、その附属させた物を収去する義務を負う。」との使用貸借の規定（改正民法599条1項）を賃貸借契約にも準用しています（改正民法622条）。なお、旧民法下においても、一般的に賃借人には収去義務があると解されていたため、結論は異なりません。

　本事例においては、Y社はデスクを撤去する義務を負うため、X社はY社に対して、デスクの撤去を求めることができます。

【旧民法の場合と適用関係】
　旧民法の場合については、本文で述べたとおりです。なお、本事例の賃貸借に関するルールについては、改正民法の施行日である2020年4月1日以後に締結された賃貸借契約に適用されます（改正民法附則34条1項）。

賃貸借の目的物が一部利用できなくなった場合の賃料減額や解除

事例33≫　当社は、配送業を営むX社です。いろいろな場所に営業所を設置して、お客様からの宅配の依頼を受け、各地の営業所を拠点として配送を行っています。

　A営業所については、Y社から事務所と倉庫が一体となった建物を借りて営業に使用していました。ある日、当社の社員のミスで、配送用のトラックが倉庫部分に突っ込んでしまい、設置していた機械がショートして火事になり、倉庫部分が燃え落ちてしまいました。倉庫部分が使用できなくなった以上、A営業所を営業所として利用することができない状況です。

　当社としては、事務所部分のみで使っていくか、他の営業所に業務を集約してA営業所を廃止するか、検討しています。

Q　① X社は事務所部分のみで使っていくことにしました。使用範囲が縮小することから、X社はY社に対し、賃料の減額を求めることができるのでしょうか？

　② X社はA営業所を廃止することにしました。X社から賃貸借契約を解除することはできるのでしょうか？

A　① X社はY社に対し、賃料の減額を求めることはできません。

　② X社は、賃貸借契約を解除することができます。

解説

1. 目的物の一部滅失等による賃料の減額

　賃貸借契約の目的物が一部滅失した場合には、賃貸借契約締結時に想定した使用収益を行うことができなくなるため、賃料の減額ができるかが問題となります。

　改正民法においては、「賃借物の一部が滅失その他の事由により使用及び収益することができなくなった場合において、それが賃借人の責めに帰することができない事由によるものであるときは、賃料は、その使用及び収益をすることができなくなった部分の割合に応じて、減額される」と規定されました（改正民法611条1項）。

　目的物の一部滅失について賃借人に帰責事由がないとき（例えば、土砂崩れによって一部が損壊した場合）は、賃料は当然に減額されることになります。ただし、目的物の一部滅失が賃借人の帰責事由によるとき（例えば、故意に壊した場合）は、賃料は減額されません。また、目的物が滅失した場合に限られず、他の理由によって使用収益ができなくなった場合（例えば、土地の一部が液状化した場合）にも賃料が当然に減額されます。

　本事例においては、社員のミス（つまり過失）による倉庫の滅失です。過失といえどもX社側に倉庫が滅失した原因があるので、賃貸借の目的物が事務所部分のみになったとしても、賃料は減額されません。

2. 目的物の一部滅失等による賃貸借契約の解除

　改正民法においては、「賃借物の一部が滅失その他の事由により使用及び収益をすることができなくなった場合において、残存する部分のみでは賃借人が賃借をした目的を達することができないときは、賃借人は、契約の解除をすることができる」とされています（改正民法611条2項）。

　Q①のように事務所部分だけでも賃貸借契約の目的を達することができるのであれば、解除することはできません。しかし、Q②のように、事務

所部分だけでは営業所として使用する目的を達成することができないのであれば、X社は賃貸借契約を解除することができます。

　なお、X社からの解除によりY社は賃料を得ることができなくなりますが、X社の社員のミスで滅失した倉庫部分の修繕費用については、Y社からX社に対して損害賠償請求をすることで解決を図ることになります。

【旧民法の場合と適用関係】

1. 目的物の一部滅失による賃料の減額

　旧民法においても、X社に過失がある場合には、賃料減額はできません。

　加えて、旧民法においては賃料減額ができるのは、目的物が一部滅失した場合に限られており、目的物が滅失していないが使用収益ができない場合（例えば、土地の一部が液状化した場合）には、賃料減額はできないことになります。

　また、賃借人に帰責事由がなく目的物が一部滅失した場合、旧民法611条1項では「賃料の減額を請求することができる」と定められており、賃借人が請求しなければ賃料を減額することができない規定となっていました。ただし、賃料減額の請求がなされた場合には、請求の時点ではなく、目的物が一部滅失した時点にさかのぼって賃料が減額されると解釈されていたため、減額請求が行使された場合には、改正民法と結論は変わらないことになります。

2. 目的物の一部滅失による賃貸借契約の解除

　旧民法においては、目的物の一部滅失による賃借人からの賃貸借契約の解除は、「賃借物の一部が賃借人の過失によらないで滅失したとき」に限られていました（旧民法611条2項、1項）。

　そのため、本事例においてはX社の過失による倉庫部分の滅失になるため、X社側から賃貸借契約を解除することはできないでしょう。

3. 適用関係

　本事例の本文で述べた改正民法の賃貸借に関するルールについては、改正民法の施行日である2020年4月1日以後に締結された賃貸借契約に適用されます（改正民法附則34条1項）。

無償で倉庫を借りる契約を締結したが貸主の都合で引渡してもらえない場合

事例34≫ 当社は、化粧品を製造・販売しているX社です。製造した化粧品を倉庫に保管し、注文が入った場合に倉庫から発送しています。しかし、化粧品を保管している倉庫に雨漏りが発生し大規模な修繕が必要となったため、倉庫の修理期間中、一時的に使用できる倉庫を貸してほしいと長年付き合いのある不動産会社Y社に相談しました。急な話だったので、Y社からは、しばらくメンテナンスも行っていない古い倉庫しかないため、短期間の使用ならば無償で貸すとの回答をもらい、2020年4月15日に使用貸借契約（貸借期間は2020年5月15日から3か月間）を締結して契約書を作成しました。

　ところが、5月初旬になって、Y社から、親交のある会社（Z社）に有償で倉庫を貸すことになったので、倉庫の使用貸借契約はなかったことにしてほしいといわれました。Y社に倉庫を貸してくれるよう頼んでいますが、まったく応じてくれません。

Q X社はY社に対し、倉庫の引渡しを求めることができるのでしょうか？

A X社はY社に対し、使用貸借契約の成立に基づいて、倉庫の引渡しを求めることができると考えられます。

解説

1. 使用貸借契約の成立

　本事例では、改正民法施行日後に使用貸借契約を締結し、契約書を作成

したものの、目的物である倉庫の引渡しを拒絶されています。この場合、まず、契約が有効に成立していて、目的物の引渡しを求めることができるのかが問題になります。

　改正民法では、「当事者の一方がある物を引き渡すことを約し、相手方がその受け取った物について無償で使用及び収益をして契約が終了したときに返還することを約することによって、その効力を生ずる」と定められています（改正民法593条）。つまり、両当事者の合意のみによって契約が成立するため、2020年4月15日に、Y社が倉庫を引渡すこと、X社が無償で使用収益をして3か月経過後に返還することを合意した時点で、使用貸借契約は成立します。

2. 借用物受取り前の貸主からの解除

　ただし、貸主は、原則として、借主が目的物を受取るまでの間であれば、自由に使用貸借契約を解除することができます（改正民法593条の2）。例外的に、書面で使用貸借を合意した場合には解除することができません（改正民法593条の2但書）。X社とY社は使用貸借契約書を作成しているので、倉庫の引渡し前であっても、成立したX社Y社間の使用貸借契約を、貸主であるY社から解除することはできません。したがって、X社はY社に対し、倉庫の引渡しを求めることができます。

3. 使用貸借契約と第三者の関係

　Y社がZ社に対し、賃貸借契約に基づき倉庫を引渡してしまった場合も、X社は倉庫の引渡しを求めることができるでしょうか。

　使用貸借契約は、無償で物を借りるという契約のため、借主の権利は弱いものとなっています。そのため、契約当事者間では契約に基づいて倉庫の引渡しを求めることができますが、使用貸借の権利は登記することができず、第三者に使用貸借の借主としての権利を主張することはできませ

ん。Y社がZ社に倉庫を引渡してしまった場合には、X社はY社に対して債務不履行に基づく損害賠償請求（改正民法415条）を請求できるにとどまるでしょう。

【旧民法の場合と適用関係】

　使用貸借の時期にかかわらず、2020年3月31日までに締結された使用貸借契約は、旧民法が適用されます。

　旧民法においては、使用貸借契約は要物契約とされ、借主が目的物を受取ることによって契約が成立するとされていました（旧民法593条）。そのため、本事例のX社が倉庫の引渡しを受けるまではX社Y社間で使用貸借契約が成立せず、X社は倉庫の引渡しを求めることはできません。

　使用貸借契約が成立していない以上、契約があることを前提とした債務不履行に基づく損害賠償請求もできませんでした。X社は、Y社が契約準備段階における信義則上の注意義務に違反する場合に、損害賠償請求をできるにとどまるものだったのです。

4 『従業員の雇用管理』と民法改正

従業員からの雇用契約の終了

事例35≫　　当社は、主にSEOを行うIT関連業のX社です。当社では、個人のワークライフバランスを重視していて、様々な働き方ができるようにしており、労働者との雇用契約も複数の形態があります。

このたび、残念ながらYとZから退職したいと申し出がありました。二人とも60歳以上のシニア雇用として、2020年4月1日に採用した方です。申出があったのは2025年9月16日なのですが、9月末日付で退職したいといっています。当社としては、あまりに急な話なので、引継ぎや代替要員確保に必要な期間は辞めずにいてほしいと思っています。なお、YとZの雇用契約の内容は以下のとおりです。

Y：月給制、5年間の有期雇用（2025年4月1日に更新）

Z：月給制、期間の定めのない雇用

Q X社とY、Zとの間の雇用契約はいつ終了するのでしょうか？

A Yは、やむを得ない事由がない限り、雇用契約を解除することはできません。一方、Zの雇用契約は2025年9月30日に終了します。

1. 改正民法と旧民法の適用関係

　改正民法施行日である2020年4月1日以降に締結された雇用契約については、改正民法が適用されますが、それ以前に締結された雇用契約については、旧民法が適用されます。なお、2020年4月1日より前に締結された雇用契約であっても、それが期間の定めのある雇用契約であって、労働者と会社の間で契約内容について合意して契約を更新した場合には、改正民法が適用されます。また、契約期間が終了した後でも、労働者が継続して働き続け、これに対して会社が異議を述べなかった場合にも、雇用契約の更新があったものと推定され、これ以降の雇用契約には改正民法が適用されると考えられます。

2. 労働者からの雇用契約の終了

　改正民法においては、労働者からの雇用契約終了の意思表示後、旧民法の場合よりも短期で終了させられるように改正しています。これは、労働者が退職するまで長期にわたり雇用契約を維持させることが、労働者に対して過度な制約を課すとして改正されました。

　ただし、一般的な会社においては、労働者保護を目的とし、民法の特別法にあたる労働基準法や労働契約法など（以下、「労働法」といいます）の適用があるため、改正民法が適用される場面は限定されています。会社が労働者を解雇したり、雇用契約を終了させたりする場合には、労働者の生活の糧を失わせることになるため、労働法が適用されます。

　一方で、労働者からの雇用契約の終了については、原則として、改正民法が適用されることになります（期間の定めのある雇用契約につき改正民法626条、民法628条、期間の定めのない雇用契約につき改正民法627条1項）。ただし、1年を超える有期雇用契約の労働者（厚生労働省が定める高度な専門職と満60歳以上の労働者を除きます）からの雇用契約の終了については、暫

定措置として、労働基準法137条が適用されることになります。労働者からの雇用契約の終了に関するルールの概要は以下のとおりです。

(1) 期間の定めのない雇用契約

　労働者はいつでも解約を申し入れることができ、申し入れの日から２週間経過すれば雇用契約は終了します（改正民法627条１項）。

(2) 期間の定めのある雇用契約

a. 原則

　労働者は、やむを得ない事由がない限り、雇用契約を解除することはできません（民法628条１項前段）。

b. 例外①（労働基準法137条が適用される労働者）

　１年を超える有期雇用契約の労働者（厚生労働省が定める高度な専門職と満60歳以上の労働者を除く）は、雇用契約の初日から１年経過後は、いつでも雇用契約を解除することができます（労働基準法137条）。

c. 例外②（労働基準法137条が適用されない労働者で雇用の期間が５年を超え又は終期が不確定の者）

　５年経過後に、いつでも雇用契約を解除することができます（改正民法626条１項）。契約の解除は、２週間前に予告しなければなりません（改正民法626条２項）。

　なお、労働基準法は、雇用契約の期間について、以下の規制を定めています（労働基準法14条１項）。

(a) 一定の事業の完了に必要な期間を定めるもののほかは３年を超える期間の雇用契約の締結を禁止（労働基準法14条１項柱書）。

(b) 厚生労働省が定める高度な専門職と満60歳以上の労働者の雇用契約については、5年を超える期間の雇用契約の締結を禁止（労働基準法14条1項1号、2号）。

　したがって、例外②が適用されるのは、労働基準法が適用されない「事業に使用されない労働者」（労基法9条）、「同居の親族のみを使用する事業及び家事使用人」（労基法116条2項）に限られることになります。

(3) 高度な専門職と満60歳以上の労働者からの雇用契約の終了
　上記(1)と(2)からすると、厚生労働省が定める高度な専門職と満60歳以上の労働者からの雇用契約の終了は、以下のルールが適用されることになります。

a. 期間の定めのない雇用契約の場合
　いつでも解約を申し入れることができ、申し入れの日から2週間経過すれば雇用契約は終了します（民法627条1項）。

b. 期間の定めのある雇用契約の場合
　やむを得ない事由がない限り、雇用契約を解除することはできません（民法628条1項前段）。

3．本事例について
(1) Yについて
　Yの雇用契約は、5年間という期限がついていますので、「期間の定めのある雇用の解除」になります。Yは、満60歳以上なので、例外①（労働基準法137条）は適用されません。また、契約期間も5年を超えることができないため（労働基準法14条）、例外②（改正民法626条）も適用されませ

ん。したがって、原則どおり、やむを得ない事由がない限り、Yは雇用契約を解除することはできません（民法628条1項前段）。

（2）Zについて

Zの雇用契約には終了時期の定めがありませんので、「期間の定めのない雇用の解約の申入れ」になります。

期間の定めのない雇用契約は、「各当事者は、いつでも解約の申入れをすることができる。この場合において、雇用は、解約の申入れの日から2週間を経過することによって終了する。」とされています（民法627条1項）。したがって、Zも解約の申入れを行った2025年9月16日から2週間が経過した9月30日に雇用契約を終了させることができます。

なお、就業規則において、「1か月前までに申し出ること」などと定めていた場合、この規定が労働者に不利な内容を定めるものとして無効と判断される可能性が生じます。労働者が民法上規定されている期間の経過をもって雇用契約を終了させると意思表示した場合には、就業規則が適用されない可能性があるため、慎重に対応することが必要です。

【旧民法の場合と適用関係】

　旧民法においては、期間の定めのある雇用契約の解除については、「3か月前にその予告をしなければならない。」と定められていました。そのため、会社の承諾が得られない限りは、Yは雇用契約の解除を申し込んだ3か月後の2025年12月16日にならないと、雇用契約を終了させることができません。

　また、期間の定めのない雇用契約については、「期間によって報酬を定めた場合には、解約の申入れは、次期以後についてすることができる。ただし、その解約の申入れは、当期の前半にしなければならない。」と定められていました。また、年俸制の場合は「解約の申入れは、3箇月前にしなければならない。」と定められていました。改正民法においては、これらの制約は会社側からの解約申入れに限定されていますが、旧民法の場合には、労働者からの解約申入れにも適用されていたため、改正によって労働者側から雇用契約を終了させやすくなったといえます。

　旧民法下では、月給制の場合、月の前半でなければその月で契約を終了させることができません。本事例においては、Zは月後半に解約を申し入れているので、9月中の解約はできず、10月以降に解約できることになります。仮にZが年俸制だった場合には、2025年12月16日以降でなければ解約することはできません。

　なお、雇用契約に関する改正民法と旧民法の適用関係は、解説の冒頭で述べたとおりです。

従業員が働けなくなった場合の報酬の支払

事例36≫ 当社は、地方の温泉で宿泊業を展開するX社です。何か所かの温泉地で、複数の旅館を営んでいます。各旅館には、当社との間で雇用契約を締結する従業員がいます。従業員は全員毎月1日から末日までを1単位とする月給制となっています。

当社が営むうちの一つのY旅館が、近くの山の火山活動が活発になったとして立ち入れなくなり、8月20日から、休業を余儀なくされています。Y旅館の近くには、当社が運営する他の旅館はなく、配置転換することもできなかったため、従業員たちは8月20日から働くところがない状況です。

ちなみに、Y旅館にはZという仲居がいましたが、8月10日にY旅館の金銭を着服していたことが発覚し、8月11日から出勤停止処分、8月15日に自主退職しています。

Q X社はY旅館の従業員、及びZに、どれくらいの報酬を支払わなければならないでしょうか？

A X社は、Y旅館の従業員が8月1日から8月19日まで働いた割合に応じて、報酬を支払わなければなりません。また、Zについては8月1日から8月15日まで働いた割合に応じて、報酬を支払わなければなりません。

1. 従業員が労働に従事することができなくなった場合における報酬の支払について

(1)会社に責任がある場合

　民法には、報酬の支払時期として、「その約した労働を終わった後でなければ、報酬を請求することができない」（民法624条）と規定されています。しかし、従業員が労働に従事することができなくなった場合に、どれくらいの金額の報酬を得られるかについて、旧民法の雇用の規定中には定められていませんでした。

　会社に責任があって従業員が働けなくなった場合（例えば、行政に営業停止処分とされた場合など）には、危険負担（改正民法536条2項）の問題として、従業員は労働しなかった部分についても報酬を請求することができます。労働した期間も、労働しなかった期間も報酬を請求することができることになります。

(2)会社に責任がない場合

　従業員に責任があって従業員が働けなくなった場合（例えば、会社の金を横領していたことが発覚して出勤停止となった場合など）、会社にも従業員にも責任がなく従業員が働けなくなった場合（例えば、ストライキが起こった場合など）についてはどうでしょうか。

　改正民法では、「使用者の責めに帰することができない事由によって労働に従事することができなくなったとき」、「雇用が途中で終了したとき」は、「既にした履行の割合に応じて報酬を請求することができる」と定められました（改正民法624条の2）。

　労働した日数分については、従業員は報酬を請求することができます。ただし、従業員は労働しなかった部分については報酬を請求することができません。

なお、改正民法624条の２の「使用者の責めに帰することができない事由」には、従業員に責任がある場合だけでなく、会社にも従業員にも責任がない場合のどちらも含むと解釈されています。

2．本事例について

　本事例においては、Y旅館の従業員が働けなくなった理由は火山活動の活発化であって、X社にもY旅館の従業員にも責任はありませんから、「使用者の責めに帰することができない事由」（改正民法624条の２）にあたります。したがって、Y旅館の従業員は、８月１日から８月19日まで働いた割合に応じて、報酬を請求することができます。なお、８月20日以降については、報酬を請求することはできませんし、自然災害（不可抗力）を原因として働けなくなったので、労働基準法上の休業手当も発生しないと考えられます。

　また、Zについては、横領の罪を犯したことから８月11日以降働けなくなっており、８月15日に労働契約が終了しています。この場合でも、「使用者の責めに帰することができない事由によって労働に従事することができなくなったとき」、「雇用が履行の中途で終了したとき」にあたるため、Zは８月１日から８月10日まで働いた割合に応じて、報酬を請求することができます。なお、８月11日から８月15日までの報酬は請求することができません。

【旧民法の場合と適用関係】
　旧民法においても法律の解釈で同様の結論が導かれており、改正によって実務に影響はないと考えられます。
　改正民法と旧民法の適用関係については、事例35の解説1（155ページ）のとおりです。

労働債権と消滅時効期間

　旧民法では、事例44（202ページ）のとおり、「使用人の給料にかかる債権」は、１年が短期消滅時効期間とされていました。一方で、１年では、労働者の保護に欠けることがあるため、労働者を保護する特別法である労働基準法により、賃金その他の請求権は２年、退職手当は５年と旧民法は修正されていました（旧労働基準法115条）。

　今回の民法改正により、民法上の１年の短期消滅時効期間が廃止されたため、通常の債権と同様に、あくまでも民法上は、債権者が権利を行使することができることを知った時から５年または権利行使できる時から10年となることから、労働基準法の扱いをどうするのかが議論されてきました。本来は、労働者保護の目的で２年などに延長されたものが、民法改正により民法の時効期間が、労働基準法の時効期間よりも長期となったため、ねじれの問題が生じていたからです。

　そこで、令和２年２月３日に、旧労働基準法115条の改正案が国会に提出され、同年３月27日に以下の内容で成立し、改正民法と同様2020年４月１日より施行されています。

　「賃金の請求権」は、労働基準法115条により行使することができる時から５年の消滅時効期間とする一方で、労働基準法143条で、「当分の間〜退職手当の請求権はこれを行使することができる時から５年間、この法律の規定による賃金（退職手当を除く）の請求権はこれを行使することができる時から３年間」とされ、一旦は３年とするものとなっています。

　労働者保護という労働基準法の目的と改正民法のねじれ問題の解消については、当分の間は賃金請求権の時効期間を３年とすることで、実質的に先送りされました。

第 **4** 章

資金調達活動への影響

第4章では、資金調達活動に対して民法改正がどのような影響を及ぼすかについて、事例形式で解説します。

1.「金銭借入れ」と民法改正

　第1節では、金銭の借入れに関する民法改正の影響について解説します。金銭消費貸借契約が当事者間の合意で成立する諾成契約とされる、利息や期限前の返済について旧民法下の解釈や判例法理が明文化されるなどの改正がなされています（事例37〜38）。

2.「金銭債務の保証」と民法改正

　第2節では、金銭債務の保証に関する民法改正の影響について解説します。保証については、多くの重要な改正がされており、実務への影響が大きい分野です（事例39〜41）。なお、根保証と民法改正については、Columnで解説しています。

3.「金銭債務の担保」と民法改正

　第3節では、金銭債務の担保に関する民法改正の影響について解説します。将来発生する債権を担保化する場合の将来債権譲渡について、従来の判例法理が明文化されました（事例42）。

1 『金銭借入れ』と民法改正

契約書の作成後に融資予定先から融資の話を断られた場合

事例37≫

当社は、金融業を営むX銀行です。

ベンチャー企業のY社から融資の依頼があり、何度も協議や面接を重ねた結果、Y社に対して1億円を貸し付けることを決定しました。2020年7月3日、返済期限を2030年7月末日として契約書を作成し、7月31日にY社に1億円を貸渡す予定でした。

ところが、Y社は2020年7月15日になって、いろいろな理由をつけて1億円の融資の話をなかったことにしてほしいといってきました。

なお、当行はY社に対して1億円を貸し付けるにあたり、契約書に添付する印紙代や、大手銀行からの一部借入など、Y社との契約のために数十万円を支出していました。

Q X銀行はY社に対し、どのような請求ができるでしょうか？

A X銀行はY社に対し、消費貸借契約の解除によって生じた損害の賠償を請求することができます。

改正民法においては、旧民法下の要物契約（物を引渡すことによって成立する契約）としての消費貸借契約（民法587条）に加え、諾成契約（合意することで成立する契約）としての消費貸借契約が新たに規定されました（改正民法587条の2）。

諾成的消費貸借契約が成立するためには、①当事者の一方が金銭その他の物を引渡すことを約束すること、②相手方がその受け取った物と種類、品質及び数量の同じものをもって返還することを約束すること、③これらの合意を書面にすること、が必要です。

本事例の場合、①X銀行がY社に1億円を2020年7月31日に引き渡すこと、②Y社が同金額を2030年7月末日までに返済すること、③①②の合意内容を2020年7月3日に契約書にしていることから、X銀行とY社との間では、有効に消費貸借契約が成立しています。

X銀行とY社の間で消費貸借契約が成立しているため、Y社が融資の話をなかったことにしてほしいと申し入れてきたことは、消費貸借契約の解除の意思表示にあたります。改正民法においては、「書面でする消費貸借の借主は、貸主から金銭その他の物を受け取るまで、契約の解除をすることができる」としています（改正民法587条の2第2項前段）。借りる必要が消滅した場合にまで無理やり目的物を借りる義務を負わせるのは不合理な

ため、解除することができるとされました。

　ただし、借主が消費貸借契約を解除した場合、この契約の履行のために貸主が負担した金銭などがあった場合には、これらを貸主の負担とすることは相当でなく、「貸主は、その契約の解除によって損害を受けたときは、借主に対し、その賠償を請求することができる」とされました（改正民法587条の2第2項後段）。

　本事例においては、X銀行はY社との消費貸借契約の履行のために、数十万円を支出していたので、この費用については損害として、Y社に対し請求することができるでしょう。ただし、X銀行が貸し付けていれば得られる予定だった利息については、損害賠償の対象にはならないと解するのが一般的です。

【旧民法の場合と適用関係】

　旧民法の場合には、消費貸借契約は要物契約として規定されていましたが、判例によって諾成的消費貸借契約を締結することができるとされていました。そのため、結論としては大きく異なることはありません。なお、改正民法施行日である2020年4月1日より前に締結された消費貸借契約については旧民法が、施行日以後に締結された消費貸借契約については改正民法が適用されます（改正民法附則34条1項）。

借入金を支払期限前に一括返済したい場合

事例38≫　当社は、小売業を営むX社です。店舗拡大のため、2020年
9月15日にY銀行から3億円の借入をしました。返済期限は2028年9
月末日、利息は年1.5％で、他の銀行より安い利息で合意しています。
　この借入により、当社は順調に店舗を拡大し、予定より早く投下資
本を回収することができました。そのため、返済期限より前の2025年
中にY銀行から借入れた金銭の残額1億5,000万円を一括返済し、利
息を浮かせようと思っています。

Q X社はY銀行に対し、どれくらいの金銭を返済すればよいでしょ
うか？

A X社はY銀行に対し、1億5,000万円の元本のほかに、返済期限ま
での利息相当額を支払わなければならない可能性があります。

解説

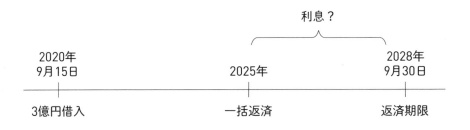

1. 利息

旧民法においては、利息について明文の規定はありませんでした。改正民法においては、「貸主は、特約がなければ、借主に対して利息を請求することができない」（改正民法589条1項）、「前項の特約があるときは、貸主は、借主が金銭その他の物を受け取った日以後の利息を請求することができる」（改正民法589条2項）と規定し、旧民法下の判例法理を明文化しました。

本事例においては、X社は3億円の金銭を受け取った日以後、利息が発生することになります。

2. 期限前の返済

旧民法においては、消費貸借契約の借主が定められた返済期限より前に返還することができるか否か、明記されていませんでした。ただし、消費貸借契約の返済期限は、借主が期限までは返還する必要がないとして借主の利益のために定められたものであるので、返済期限より前に借主が返還することを希望する場合には、いつでも返還することができると解釈されていました。改正民法においてはこれが明記されました（改正民法591条2項）。

本事例においては、X社は、返済期限より前である2025年中に返済することは可能です。

3. 利息分の支払

では、利息分については支払う必要があるのでしょうか。

改正民法においては、「当事者が返還の時期を定めた場合において、貸主は、借主がその時期の前に返還をしたことによって損害を受けたときは、借主に対し、その賠償を請求することができる」とされています（改正民法591条3項）。

この損害の範囲については、民法改正時においても議論がまとまらず、現状は範囲が定まっていません。そのため、現実に損害が発生しているわけではない利息相当額を請求できるか否かは、それぞれの事案の事情を判断することになると思われます。一般的には、金銭を繰上返済された場合でも、その金銭を再運用すれば利益を得ることは容易であり、損害として認められる可能性は低いと思われます。

　本事例においても、Yが銀行であることを考慮すると、再運用は、比較的容易であり、損害として認められる可能性は低いでしょう。

　ただし、個別事情によって、1億5,000万円と比較的高額な金銭の返済を一括で受けても、再運用して利益を上げることが現実的ではなく、貸付けを行うために支出した費用すら回収できないおそれがあるような場合には、利息相当額が損害として認められる可能性も残るでしょう。

　なお、実務上は、金融機関との契約書において、返済期限前の弁済の場合は利息相当額や利息の一部について、追加で支払うことが定められていることがありますので、注意が必要です。

【旧民法の場合と適用関係】
　旧民法の規律は、前述1、2のとおりです。なお、改正民法施行日である2020年4月1日より前に締結された消費貸借契約については旧民法が、施行日以後に締結された消費貸借契約については改正民法が適用されます（改正民法附則34条1項）。

2 『金銭債務の保証』と民法改正

保証人に対する債権者の情報提供義務

事例39≫ 私（X）には、旧知のAという友人がいます。Aは、最近、新しく株式会社Bを立ち上げて新規事業を始めたようでした。その際、Aは、私に対して、「Y銀行から融資を受けるにあたっての保証人になってほしい。迷惑はかけないようにする」と頼んできました。私としても自分に迷惑がかからないなら構わないと考え、私の経営する株式会社Cが、Y銀行と保証契約を締結しました。

その後、Aはいっていたとおりに返済を続けているのか、AからもY銀行からも、しばらくの間、特に連絡は来ていませんでした。しかし、私としてもAが「迷惑はかけないようにする」といってはいたものの、最悪の場合、Y銀行から保証債務の履行を求められてしまう以上、株式会社Bの債務の返済状況くらいは報告が欲しいと思うようになりました。しかし、Y銀行に対する返済の状況はどうかと、Aに聞いても「大丈夫だ。問題ない。」とはぐらかすばかりで、返済状況については教えてもらえない状況が続きました。

数年がたって、株式会社Cは、ついにY銀行から保証債務の履行を求められるに至りました。私は、すぐさまAに話を聞いたところ、1年ほど前に3か月の滞納となって、期限の利益を喪失しており、Aも何とか少しずつ返済を継続していましたが、最近ついに返済がストップしたという話でした。

Y銀行の請求には、期限の利益を喪失した以降の全債務にかかる遅延損害金も計算されていました。

Q ① Xは、Y銀行に対して、株式会社Bの返済状況を尋ねれば、株式会社Bの返済状況を知ることができたのでしょうか？

② Xとしては、期限の利益を喪失した段階で連絡をもらえていれば、保証人となった以上、返済を拒むつもりなどありませんでした。今になってようやく連絡が来たかと思えば、長期間の遅延損害金まで請求されるのは納得がいきません。期限の利益を喪失した以降の遅延損害金の支払を拒みたいと考えていますが、可能でしょうか？　もし、保証人となっていたのが、株式会社CではなくX個人であれば何か結論は変わっていたでしょうか？

A ① 可能です。株式会社Cは、Y銀行に対して、株式会社Bの主たる債務に関する不履行の有無や残額、うち弁済期が到来しているものの額について情報提供を請求することができます。

② 株式会社Cが保証人であった場合、期限の利益を喪失した時点からの、遅延損害金の支払を免れることはできません。ただし、X個人が保証をしていた場合には、期限の利益を喪失してから、Y銀行からの請求があるまでの間の遅延損害金については支払う必要はありませんでした。

解説

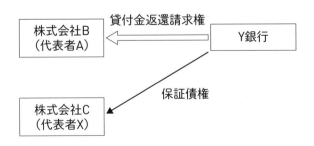

1. 主たる債務の履行状況に関する情報提供義務

　改正民法458条の2は、主たる債務者から委託を受けた保証人からの請求があった場合に、債権者に主たる債務者の履行状況に関する以下の情報の提供をすることを義務付けました。

---

① 　主たる債務の元本及び利息その他従たる債務の不履行の有無
② 　主たる債務等の残額
③ 　未払残額のうち、弁済期が到来している部分の額

　この債権者の情報提供義務により、保証人が主たる債務の状況をいち早く把握し、早期の弁済を行ったり、主たる債務者へ履行をするよう求めたりすることが可能になると考えられます。情報提供を請求できるのが、「委託を受けた」保証人に限られるのは、これらの情報が、主たる債務者の信用情報であり、委託を受けていない保証人にまで開示することは相当ではないからです。

　なお、この情報提供義務については、債権者がこれに反して、正確な情報提供を行わなかった場合に、どのような責任を負うのかは定かではなく、今後の判例実務の展開にゆだねられることになると思われます。

2. 期限の利益を喪失した場合の情報提供義務

　改正民法458条の3は、主たる債務者が期限の利益を喪失した場合に、債権者がその旨を保証人に通知するよう定めています。この通知は、期限の利益を喪失してから、2か月以内に行う必要があります。債権者が、この2か月以内の通知を怠った場合には、本来であれば、期限の利益喪失の日の翌日から計算される遅延損害金について、当該通知を現にするまでに生じた分について、保証人に請求できないこととなりました。逆に2か月

以内に通知をすれば、原則どおり、期限の利益喪失日の翌日から遅延損害金を請求できることになります。

しかし、これらの規定は、法人が保証人の場合には適用されないこととなっています（改正民法458条3項）。

3. 保証契約締結時の情報提供義務

また、以上の債権者の保証人に対する情報提供義務だけでなく、主たる債務が事業のために負担する債務である場合には、主たる債務者は、委託を受けて保証人となろうとする者に対して、主たる債務者の以下の情報を提供しなければならないこととなっています（改正民法465条の10第1項）。

---

① 「財産及び収支の状況」

② 「主たる債務以外に負担している債務の有無並びにその額及び履行状況」

③ 「主たる債務の担保として他に提供し、又は提供しようとするものがあるときは、その旨及びその内容」

この情報提供義務に反して、情報を提供し、又は虚偽の情報を提供した場合、一定の場合には、保証人は保証契約を取消すことができます（改正民法465条の10第2項）。ただし、法人が保証人の場合にはこれらの規定は適用されません（改正民法465条の10第3項）。

4. 本事例について

今回の事例では、株式会社C（代表者X）は、株式会社B（代表者A）から依頼を受けて、保証人となっており、委託を受けた保証人であるといえます。したがって、株式会社Cは、Y銀行に対して、株式会社Bの主たる債務の元本等の情報提供を請求し、その開示を受けることができるといえます。

他方、株式会社Cは法人のため、期限の利益喪失に関する情報提供の規定が適用されません（改正民法458条3項）。そのため、Y銀行は、株式会社Cに対して、株式会社Bが期限の利益を喪失したことについて情報提供する義務を負わず、また、株式会社Cは、株式会社Bが期限の利益を喪失した以降の遅延損害金も支払わなければなりません。

　ただし、個人であるXが、株式会社Bの保証人となっていた場合には、改正民法458条が適用されます。1年前に期限の利益を喪失していたということなので、その時点から、Xに対して請求があるまでの間の遅延損害金について、Y銀行はXに対して請求できないということになります。

【旧民法の場合と適用関係】

　旧民法においては、債権者の情報提供義務に関する定めはなく、債権者は保証人から問い合わせがあったとしても回答義務はありません。そのため、保証人としては、主たる債務者に直接問い合わせて回答が得られない場合には、債権者に対して、任意の情報提供を求めるほかなく、個人情報を理由に拒絶されることも決して少なくありませんでした。

　また、期限の利益を喪失した以降の全債務および遅延損害金を請求でき、これを制限する規定は特にありませんでした。そのため、遅延損害金などが積み重なって高額になった請求が突然保証人にされる場合もあり、保証人がこれに応じられないことも多々ありました。今回の改正では、早期の情報提供があれば、保証人の協力の下、遅延損害金が抑えられる場合もあることに配慮して情報提供を義務付けるとともに、それに違反した場合に、保証人が不測の高額請求をされることのないように定められたものとなっています。なお、改正民法施行日である2020年4月1日より前に締結された保証契約の保証債務については旧民法が、施行日以後に締結された保証契約の保証債務については改正民法が適用されます。

主債務者が解除権を有する場合に保証債務の履行を拒否できるか？

事例40≫

私（X）は旧知の中であったAと共同して、株式会社Bを立ち上げ、ともに取締役となりました。株式会社Bは、主に株式会社Yと取引を行っていくことになったところ、株式会社Yから、「御社は設立したばかりの会社のようなので念のため、取引継続にあたって、何らかの担保を提供してくれないか」と打診されたため、株式会社Yとの取引における支払について、私が保証人となることで対応しました。

その後、私は、心身の不調から株式会社Bの取締役を退任しましたが、株式会社Yとの保証契約については、何らの処理を行わないままでした。

退任後まもなくして、株式会社Yから、突然、私に対して、株式会社Bが取引に基づく支払をしないので、未払金100万円について保証債務を履行するよう請求がありました。私は、すぐさまAに確認したところ、「株式会社Yからの納品物に重大な欠陥があり、その納品物は使い物にならないので、解除を検討している。また、株式会社Bは、株式会社Yに対して、別の契約に基づいて、期限到来済みの70万円の未払金債権を有している」という事情を聴かされました。

Q Xとしても、Aのいうとおり、重大な欠陥のある納品だったのであれば、株式会社Yに対して支払う理由はないと考えていますが、Xは、株式会社Yの保証債務の履行請求を拒むことができるでしょうか。

A Aがいっていることが事実であることを前提とすれば、Xは、株式会社Yに対して、株式会社Bが、契約不適合責任に基づき解除

権を有していることを理由に請求自体を拒むことができます。また、株式会社Bが株式会社Yに有している未払金債権で相殺できる範囲で、請求を拒むことができますので、対当額である70万円については支払を拒むことができます。

解説

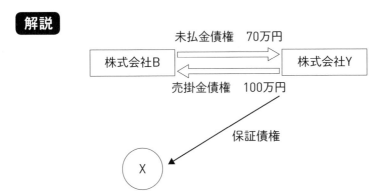

1. 保証債務の付従性

保証人の保証債務はあくまでも主たる債務の存在やその内容が前提です。主たる債務が消滅すれば、当然、保証債務も消滅しますし、主たる債務を超える保証範囲の保証債務は主たる債務の範囲に縮減されます（改正民法448条）。これを保証債務の付従性といいます。

主たる債務者が、債権者から主たる債務の履行請求を受けた場合に、請求を免れるための何らかの法的な反論（以下、「抗弁」といいます）を行うことができる場合も同様です。主たる債務者であれば、主たる債務の抗弁を主張して、請求を免れることができるにもかかわらず、保証人が、主たる債務の抗弁を主張できないのであれば、保証人は保証債務を履行しなければならず、保証人にとっては、過大な負担を強いることとなります。そこで、改正民法457条2項は、保証人が主たる債務者の抗弁を債権者に対して主張できることを明文化しました。同時履行の抗弁権（改正民法533条）や期限の利益（民法136条1項）がその代表例です。

2. 主たる債務者の有する相殺権や解除権など

　もっとも、主たる債務者が、債権者に対して債権を有しており、相殺が可能であるとしても、保証人が主たる債務者の債権について相殺することは、主たる債務者の債権という財産を処分できてしまい妥当ではありません。それは、主たる債務者が、主たる債務に関する契約について、解除権や取消権を有している場合も同様で、保証人が解除権や取消権を行使して、契約を解消できるとすることは、主たる債務者の選択に反するおそれもあり妥当ではありません。また取消権については、取消権者が法定されているという事情もあります（民法120条）。その一方で、相殺することによって、主たる債務の額が減少したり、解除や取消をすることによって、主たる債務自体がなくなったりする可能性があるにもかかわらず、保証人が、保証債務を履行しなければならないとすると、やはり保証人にとって過大な負担を強いる状況になります。

　そこで、改正民法457条3項は、「主たる債務者が債権者に対して相殺権、取消権又は解除権を有するときは、これらの権利の行使によって主たる債務者がその債務を免れるべき限度において、保証人は、債権者に対して債務の履行を拒むことができる。」と規定し、主たる債務者が、相殺権や解除権、取消権を行使することができる場合には、保証人は、主債務者がそれらを行使した場合に債務を免れるべき限度で請求を拒むことができることが明文化されました。保証人は、この履行拒否によって、主たる債務者の相殺権や解除権を行使するわけではないので、原則を守りながら、保証人をも保護する規定となっています。

3. 本事例の場合

　Aが話している事実を前提とすると、株式会社Bは、契約不適合責任に基づき解除権を行使できるので（改正民法564条、541条）、主たる債務者が当該解除権を行使すれば、主たる債務は消滅します。したがって、Xは、主債

務者である株式会社Bが解除権を行使することによって債務を免れるべき限度、つまり、債務全体について、株式会社Yの保証債務の履行を拒むことができます。

また、株式会社Bの契約不適合責任に基づく解除権が認められない場合でも、Aの話を前提にすると、株式会社Bは株式会社Yに対して、期限到来済みの未払金債権70万円を有しています。株式会社Bは株式会社Yに対して、70万円の未払金債権を自働債権、主たる債務を受働債権として相殺権を行使できます（改正民法505条）。したがって、Xは、相殺権を行使することによって株式会社Bが債務を免れるべき限度、つまり、70万円については、保証債務の履行を拒むことができますが、残り30万円については、履行しなければならないことになります。

なお、いずれの場合も、Xが、株式会社Bの相殺権や解除権を実際に行使しているわけではないので、株式会社Bは、その後自ら相殺や解除を行うことができます。

【旧民法の場合と適用関係】

旧民法においては、相殺について旧457条2項が、「保証人は、主たる債務者の債権による相殺をもって債権者に対抗することができる。」と定めるのみで、「対抗することができる」というのは「履行を拒否できる」という意味なのか、相殺以外の解除権などについて保証人が行使できるのかについて明文はなく、解釈にゆだねられていました。今回の改正で、相殺権のほかに解除権・取消権についても主張できること、それらを行使するのではなく、保証人が履行を拒否できるにとどまるという解釈が明記されたことになります。なお、2020年4月1日より前に締結された保証契約の保証債務については旧民法が、施行日以後に締結された保証契約の保証債務について改正民法が適用されます。

連帯保証人について生じた事由の相対効

私（X）には、一人息子のAがいます。最近、Aは、昔から
の幼馴染であったBと起業することについて意気投合し、2020年5月
1日、ゲーム開発会社である株式会社Cを立ち上げました。私は、自
身の息子と、昔からよく遊びに来ていたBを応援しようと思い、二人
が株式会社Cを起業するにあたって、低金利で融資することとしまし
た。

そして、私は、2020年5月1日、2023年4月30日を弁済期として、
株式会社Cに対して、150万円を貸し渡しました。ただし、Aには企業
経営の経験を積んでもらう趣旨もあったので、「これも社会勉強であ
る」と説得して、Aとは150万円の融資について、連帯保証契約を締
結しました。

しかし、数年後、私とAの関係がかなり悪くなり、腹を立てた私
は、株式会社Cに対してした融資の返済は、連帯保証人であるAに請
求することとしました。なお、株式会社Cは、2023年4月30日以降も
返済をしていません。

私はAに対して、連帯保証債務の履行を求める訴訟を提起し、2025
年8月31日に、XのAに対する150万円及び利息などの請求が認容され
ました。

私は、Aとの訴訟に勝訴したことで、気持ちが落ち着き、勝訴後、
Aに対しては、判決がある以上はいつでも執行ができることは告げた
うえで、何年かかってもいいから払うようにと伝えました。

Q Aがいつになっても支払をしないので、Xは、2028年6月1日、Aに150万円を支払うように改めて請求したところ、なんとAは、株式会社Cの主たる債務の時効消滅を援用するなどと主張して、150万円を支払わないなどといってきました。このようなAの主張は認められてしまうのでしょうか？　このようなAの主張を封じるために、Xにはできることがあったのでしょうか？

A 主たる債務者である株式会社Cが、主たる債務について消滅時効が完成しているため、連帯保証人Aも主たる債務の消滅時効を援用することで、連帯保証債務の履行を免れることができてしまいます。

　Xが、このような事態を避けるためには、株式会社Cとの間で、連帯保証人Aに対する履行請求の効果を、株式会社Cに対しても拡張することの合意をしておくか、株式会社Cに対しても、時効の完成猶予・更新の措置を講じておくべきでした。

解説

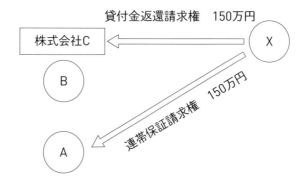

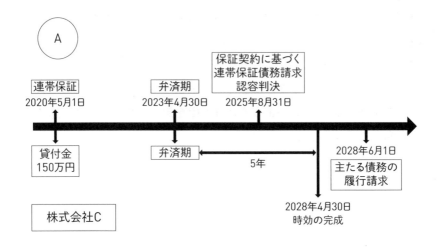

1. 連帯保証人に生じた事由

　改正民法458条は、連帯債務に関して定めた規定を準用し、原則として、連帯保証人について生じた事由は、主たる債務には及ばないこととしました（連帯保証債務の相対効、改正民法441条）。例外的に、更改（改正民法438条）、相殺（改正民法439条1項）、混同（改正民法440条）の3つの事由が生じた場合には、その効果が主たる債務にも及ぶと定めています（連帯保証債務の絶対効）。

　連帯保証人に対する履行の請求は、主たる債務者に効力が及ぶと規定される行為ではありません。したがって、連帯保証人に対して、裁判上の請求を行い、勝訴判決が確定したとしても、時効が更新されるのは、連帯保証債務のみで、原則として、主たる債務について、時効の完成が猶予され更新されることはないということになります（改正民法147条）。なお、時効の完成猶予、更新については、事例45（208ページ）を参照下さい。

2. 連帯保証人に生じた事由の主たる債務者への拡張

　もっとも、連帯保証人に生じた更改、相殺、混同の他の事由について

も、主たる債務者と債権者の間で、主たる債務者にも効果を及ぼす旨の合意をすることにより、主たる債務者へも効果を及ぼすことができます（改正民法441条但書）。連帯保証債務の相対効や絶対効に関する規定は任意規定であり、これらの規定と異なる合意をした場合には、当事者の意思に従えばよいからです。

3. 本事例の場合

　連帯保証人Aに対する、裁判上の請求及び確定判決を得たことによる消滅時効の完成猶予および更新は、主たる債務者である株式会社Cとの関係では効力を生じないので（改正民法458条、441条）、主たる債務の消滅時効は完成猶予も更新もされないことになります。

　消滅時効について、確定期限のある債権については、確定期限の時から5年で時効が完成します（改正民法166条1項1号）。主たる債務の弁済期は、2023年4月30日なので、2028年4月30日の経過により、主たる債務の消滅時効は完成します（事例43（196ページ）、事例44（202ページ）参照）。

　そして、保証人は、主たる債務者の消滅時効を援用することができます（民法145条）。これは、保証債務について確定判決があっても異なりません。したがって、Aは株式会社Cの主たる債務の消滅時効を援用することで、連帯保証債務の履行を拒むことができてしまいます。

　Xとしては、主たる債務の時効の完成猶予・更新の措置を講じることで、このようなAの主張を防いでおくべきでした。そのための方法として、①主債務者である株式会社Cに対しても訴訟を提起するなど、直接的に主たる債務の時効の完成猶予・更新を図ることが考えられます。また、②連帯保証人Aに対して、裁判上の請求をして確定判決を得る前に、株式会社Cとの間で、連帯保証人Aに対する裁判上の請求の効力を主たる債務にも及ぼす旨の合意をするという間接的な方法も考えられます。そのような合意をすることで、2025年8月31日に、主たる債務の時効も更新される

ことになり、2028年6月1日段階でも時効が完成しなかったといえます。

【旧民法の場合と適用関係】

　旧民法においても、連帯保証人に生じた事由の主たる債務者への影響について、連帯債務の各条項を準用していました。そして、更改・相殺・混同の他に、「履行の請求」「免除」「時効の完成」が、主たる債務にも効力を及ぼすものとして規定されていました。もっとも、連帯保証債務には連帯債務と異なり、それぞれの負担部分が観念されないので、いくつかの条文（旧民法436条2項など）は準用の余地さえないものでした。

　改正民法との大きな違いは、「履行の請求」が主たる債務者に効力を及ぼさなくなったことにあり、その影響は、主たる債務者の時効が更新されるか否かという点と直結することになっています。

　なお、2020年4月1日より前に締結された保証契約の保証債務については旧民法が、施行日以後に締結された保証契約の保証債務について改正民法が適用されます。

根保証と民法改正

1．適用対象

　「一定の範囲に属する不特定の債務を主たる債務とする保証契約」（改正民法465条の2第1項）のことを根保証契約といいます。たとえば、継続的売買契約に基づく代金債務や賃貸借契約に基づく賃借人の債務等を保証するものが例としてあげられます。今回の改正により、根保証契約のうち、保証人が法人でない「個人根保証契約」については、極度額を定めることが義務付けられました（改正民法465条の2第2項）。

　これまでも極度額の定めを義務付ける規定自体は存在していましたが、その対象は、「金銭の貸渡し又は手形の割引を受けることによって負担する債務」（貸金等債務）が含まれる貸金等根保証契約（改正後の名称は「個人貸金等根保証契約」）に限定されていました。しかし、最終的な債務の予測が困難な保証人を保護し、契約締結時に慎重な判断を求める必要があることは、貸金等根保証契約に限らないと指摘されてきました。

　そこで、改正民法465条の2は、極度額の規律を適用する根保証契約の対象を、個人根保証契約一般に拡大しました。そのため、今後は極度額を定めない個人根保証契約は無効となるので注意が必要です。

2．個人根保証契約と個人貸金等根保証契約についての規律の相違点

　個人根保証契約と個人貸金等根保証契約では、以下のように異なる規律も存在することから、その違いについても意識しなければなりません。

(1) 元本確定期日

　元本確定期日の規律（改正民法465条の３）については、改正前と同様、個人貸金等根保証契約についてのみ適用されます。

(2) 元本確定事由

　改正により、個人根保証契約の元本確定事由として、①債権者による保証人の財産に対する強制執行又は担保権実行の申し立て、②保証人の破産手続開始、③主たる債務者又は保証人の死亡、が定められました（改正民法465条の４第１項）。

　一方、個人貸金等根保証契約については、上記３つに加え、④債権者による主たる債務者の財産に対する強制執行又は担保権実行の申し立てと手続の開始、⑤主たる債務者の破産手続開始、があった場合にも元本が確定します（改正民法465条の４第２項）。

　これらの規定により、例えば、賃貸借契約における賃借人又は保証人が死亡した場合には元本が確定しますが（上記③）、賃貸人による賃借人の財産に対する強制執行等の申し立て、又は賃借人の破産手続開始があっても、元本は確定しません（上記①②）。

３．保証人が法人の場合

　法人が保証人となって根保証契約を締結する場合、極度額の定めがないと、当該法人の主たる債務者に対する求償権を被担保債権とする保証契約を個人との間で別途締結しても、その保証契約は無効とされることになりました（改正民法465条の５第１項）。元の根保証契約は貸金等根保証契約に限りませんし、法人と個人との間の別途の保証契約に極度額の定めがあるかどうかにもかかわらないため、注意が必要です。

4. その他の規律

(1) 公正証書

主たる債務の範囲に事業のために負担する貸金等債務が含まれる根保証契約については、原則として、公正証書の作成が義務付けられます（改正民法465条の6）。ただしこれには例外もありますので、そのような契約を締結する際には公正証書作成の要否を確認する必要があります。

(2) 情報提供義務

今回の改正により、主たる債務の範囲に事業のために負担する債務が含まれる根保証の委託をする場合、主たる債務者は、個人の保証人に対して情報提供をすることが義務付けられました（改正民法465条の10第1項）。提供すべき情報は、①財産及び収支の状況、②主たる債務以外に負担している債務の有無並びにその額及び履行状況、③主たる債務の担保として他に提供し、または提供しようとするものがあるときは、その旨及びその内容、です。

主たる債務者が情報提供義務に違反した場合、保証人は契約を取り消すことができます（改正民法465条の10第2項）。

3 『金銭債務の担保』と民法改正

将来発生する債権の担保化

> **事例42≫**　　当社（X社）は、化粧品販売事業を行っています。化粧品の卸し先は多数ありますが、なかでも株式会社Aとは、設立当初から長い付き合いがあり、売上げの5割近くが、株式会社Aに対する化粧品の売却によるものです。
>
> 　当社は、新たにOEM化粧品を製造し、売り出すにあたって、開発費用についてY銀行から追加融資を受けることにしましたが、その際、Y銀行から担保の提供を求められました。Y銀行は、当社の株式会社Aとの取引実績を見て、融資から5年間の間に、株式会社Aと当社の取引で生じる代金債権を担保とすることを希望してきましたので、それにこたえて、今後5年分の株式会社Aに対する代金債権を債権譲渡して担保としました。その際、当社には取立権が留保され、融資の返済が滞らない限りは、当社において、株式会社Aに対する代金債権の弁済を受領してよいとされていたので、大きな問題はないものと考えていました。

Q　よく考えてみると、今後5年間の株式会社Aに対する代金債権は、現状未発生です。X社も株式会社Aも今後何があるかわからないので、本当に発生するかも不確かな債権だと思いますが、このような将来発生する債権の譲渡は有効なのでしょうか？　有効であるとして、将来債権譲渡の対抗要件具備に特別なルールはありますか？

A 　いわゆる将来債権についても、債権譲渡を行うことは可能です。将来債権譲渡を行う場合の、対抗要件の具備の方法や、譲渡が競合した場合の優劣などの考え方についても、従前の判例法理がそのまま妥当します。

解説

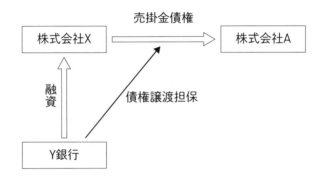

1. 将来債権譲渡の有効性

　本事例において、X社の株式会社Aに対する代金債権は、今後の両社の取引があって初めて生じるものであり、現に発生していない将来債権です。

　改正民法466条の6第1項は、「債権の譲渡は、その意思表示の時に債権が現に発生していることを要しない」と定め将来債権についても、債権譲渡が可能であることを明文で規定しました。旧民法の時代から、将来債権であっても適宜の方法で特定されていれば、有効に譲渡できると解釈されており^(注)、この規定は、従来の判例法理を明文化したものであって、その意味内容に変更はないものと考えられます。

　なお、譲受人は、発生した将来債権を当然に取得するとされていますが（改正民法466条の6第2項）、それが、原始取得なのか承継取得なのかという理論的な部分については解釈にゆだねられています。その他、将来債権

譲渡と譲渡制限特約との関係等は、「Column　債権譲渡制限特約に関する
その他の改正事項」（253ページ）を参照下さい。

（注）　最判平成11年1月29日民集53巻1号151頁

2.　将来債権譲渡の対抗要件具備

　　対抗要件の具備の方法については、従来の判例法理が明文化され、通常
の債権譲渡と同様に、債務者に対して通知又は承諾（第三者の場合確定日付
も必要です。）をすることで足りるとされています（改正民法467条括弧書）。

　　法人であれば、債権譲渡登記を利用できる点についても変更はありませ
ん（動産及び債権の譲渡の対抗要件に関する民法の特例等に関する法律）。

3.　本事例の場合

　　X社の株式会社Aに対する代金債権について、現に発生していない債権
を譲渡することは有効です。X社は、従前と同様に、債務者株式会社Aに
対して、確定日付のある通知若しくは承諾または債権譲渡登記をすること
で、債権譲渡につき第三者対抗要件を具備することができます。なお、譲
渡人であるX社に株式会社Aに対する代金債権の取立権限が留保されてい
ることは、債権譲渡の効力には影響しないことは、判例にて確認されてい
るとおりで、変更はないものと考えられます。

> **【旧民法の場合と適用関係】**
> 　旧民法においては、単に「債権は、譲り渡すことができる」と規定する
> のみで、将来債権に関する譲渡の可否や手続については、法律上の明文は
> ありませんでした。そのため、将来債権譲渡に関する規律については、判
> 例法理が展開していくことでカバーされていました。なお、施行日である
> 2020年4月1日以後に債権の譲渡の原因である法律行為がされた場合の債
> 権譲渡に改正民法が適用されることになります（改正民法附則22条）。

第 **5** 章

債権の管理回収業務への影響

第5章では、「債権法の改正」と呼ばれる今回の民法改正による影響が最も大きいであろう債権の管理・回収業務への影響について解説します。

1. 消滅時効

　債権のいわば「有効期限」を定めた消滅時効について、今回の民法改正により、時効期間や時効の進行をリセットまたはストップされる方法などが改正されます。特に時効期間については、法的に債権の回収ができるのかできないのかに関わる問題ですので、実務に影響を及ぼす重大な改正といえるでしょう。第1節では、この消滅時効のルールの変更について解説します。

2. 債権者代位権

　債務者が代金の支払などをしてくれないケースにおいては、債務者が第三者に対して有する債権を代わりに行使して、債権の実現を図ることがあります。これが、いわゆる債権者代位権と呼ばれるものです。第2節では、改正民法により、これまで判例により認められてきた事項について、明文化や要件の変更などがされた事項について解説します。

3. 詐害行為取消権

　債務超過などに陥ってる債務者が、特定の者に便宜を図る（財産を贈与とする等）場合、その内容によっては、他の債権者の債権の実現・回収が困難となってしまいます。その場合には、債権者がその便宜を図る行為の取消しを請求できる権利がいわゆる「詐害行為取消権」として、旧民法時代から存在していました。改正民法では、詐害行為取消権を行使できる要件の追加や旧民法では明らかではなかった債権者取消権の法律的な効果についての明文化がされています。第3節ではその点について事例をもとに解説します。

4. 債権譲渡と相殺

　既に、事例42（190ページ）で解説した将来債権譲渡についての明文化や債権譲渡が禁止された債権の取扱いなど、債権譲渡に関しては、改正民法によりルールの整理や変更される箇所が多くあります。債権譲渡をされた債務者が新しい債権者にどんな主張（相殺を含む）ができるのかという点など、従来から学説上の対立などがあった箇所についても一定の整理がなされています。第4節では、これらの点について、事例をもとに解説します。

5. 契約上の地位の譲渡・債務引受

　債権譲渡とは似て非なるものに、買主の地位の譲渡など、いわゆる契約上の地位の譲渡や債務を第三者に負担させる債務引受などがあります。旧民法では、これらのルールについて、明文で定められておらず、判例や裁判例により実務上の運用が決まっていた部分が多くありました。改正民法により、判例によるルールの整理やこれまでの判例を実質的に変更する条項が設けられることとなりました。第5節では、これらの点について解説します。

6. 弁済

　債権を実現するために、債務者が金銭の支払等の弁済をする必要があります。企業は、債権を回収する立場と債務を弁済する立場の双方を有しているのが通常ですので、この債務者の弁済に関しても、第5章の中で取り扱うものとしました。改正民法により、この弁済についてのルールについても従来の規律の整理や補充変更がされています。第6節では、弁済に関する改正点を解説します。

1 消滅時効

消滅時効の改正民法の概要と適用関係

事例43≫　2020年４月１日から施行された改正民法により、債権（取引先等にお金などを請求する権利）の時効制度が大きく変更になると聞きました。

Q　主にどのような点が変更となったのか？　また、どのようなタイミングから注意が必要となるのかを教えて下さい。

A　主に債権の時効の期間、時効の中断事由の表現、内容の変更があります。また、必ずしも、債権を請求できるようになった時が2020年４月１日以降であれば、改正民法が適用されるわけではありませんので、注意が必要です。

解説

1. 消滅時効の概要

　時効制度には、消滅時効（民法166条）と取得時効（民法162条）というものがあります。取引先に対して売掛債権を有していたところ、売掛先が支払をしてくれず放置していたら、売掛先から「売掛債権は時効で「消滅」した！」と主張されてしまったというものが、消滅時効と呼ばれるものです。

　このように債権が時効により消滅するための要件は以下になります。

〈要件1〉 時効期間の経過
〈要件2〉 時効の更新（旧民法：中断）・猶予（旧民法：停止）事由がない
　　　　　 こと
〈要件3〉 時効援用の意思表示

　このうち、民法改正により主に〈要件1〉・〈要件2〉が変更となります。

(1) 消滅時効期間〈要件1〉の改正の概要
　企業に影響を及ぼす最も大きな変更点は、時効期間の変更です。時効期間は、何年放置された債権に時効が適用されるのかという問題になります。この点について、事例44（202ページ）で詳細は解説しますが、旧民法では、債権の性質により細かく時効期間が定められていました（職業別短期消滅時効等）。改正民法では、この制度が廃止され、多くの時効期間が統一されることとなりました。

(2) 時効の中断事由〈要件2〉の改正の概要
　時効は、単に時効期間が経過さえすれば完成するものではなく、一定の事由が生じた場合、その時点まで進行していた期間の効力を失わせ、再度0から時効期間の進行を開始させる更新（旧民法：中断）事由や進行していた期間はそのままであるが、時効の完成を一定期間猶予する完成猶予（旧民法：停止）事由というものが存在します。

〈時効の更新（中断）と完成猶予（停止）〉

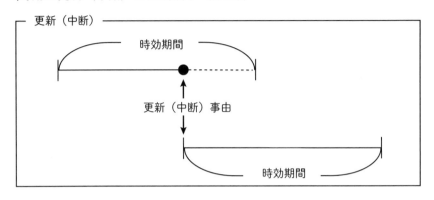

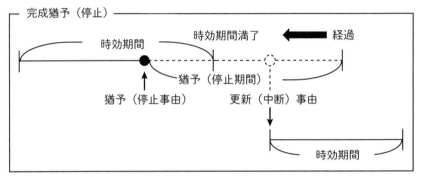

　旧民法では、この更新を「中断」、完成猶予を「停止」としていましたが、改正民法で、「更新」と「完成猶予」という表現に改められました。直感的に改正民法の方がわかりやすい表現となりました。

　また、その内容についても変更がありますが、債権の管理上重要な改正点については、事例45（208ページ）で、解説しています。

(3) 時効の援用〈要件３〉の改正

　時効の完成猶予・更新（要件２）なく、時効期間が経過（要件１）することにより、時効は完成します。ただし、法的にその債権が確定的に消滅するのは、債務者（時効の利益を受ける者）等が、「時効により債権が消滅

している」旨の意思を債権者に表示すること（時効の援用）が必要というのが、現在の判例^(注)の考え方です。

　債務者以外にこの時効の援用ができる者がいるのか等について、民法改正において、時効の援用権についても条文が変更になりました。しかし、実務への影響を考えると旧民法下における判例法理を明示したのみであるため、改正民法による実質的な変更はないものと考えてよいでしょう。

（注）　最判昭和61年3月17日民集40巻2号420頁

2. 旧民法と改正民法の適用関係

(1) 時効期間〈要件1〉についての適用関係の規律

> （時効に関する経過措置）
> 改正民法附則第10条　施行日前に債権が生じた場合（施行日以後に債権が生じた場合であって、その原因である法律行為が施行日前にされたときを含む。以下同じ。）におけるその債権の消滅時効の援用については、新法第145条の規定にかかわらず、なお従前の例による。
> 2　……省略……
> 3　……省略……
> 4　施行日前に債権が生じた場合におけるその債権の消滅時効の期間については、なお従前の例による。

　消滅時効期間の適用について規律している改正民法附則では、「施行日前に債権が生じた場合におけるその債権の消滅時効の期間については、なお従前の例（＝【旧民法】）による。」（改正民法附則10条4項）とされており、施行日＝2020年4月1日以降に生じた債権について改正民法の時効期間が適用されます。つまり、2020年4月1日より前からの債権については、旧民法の時効期間のままということです。

　では、施行日前に契約はあるが具体的な請求権は、施行日後に発生する

場合はどうでしょうか。例えば、貸付金債権で、契約は施行日前、弁済期（返済しなければならない日）は施行日後の場合はどうなるかという点です。「施行日前に債権が生じた場合」には、「施行日以後に債権が生じた場合であって、その原因である法律行為が施行日前にされたときを含む」（改正民法附則10条1項）とされています。ここにいう法律行為は、契約行為などをいいます。つまり、2020年4月1日より前に契約があるのかどうかで判断されるということになりますので、契約日の前後で旧民法、改正民法の適用を判断することになります。

〈時効期間の新旧民法適用関係〉

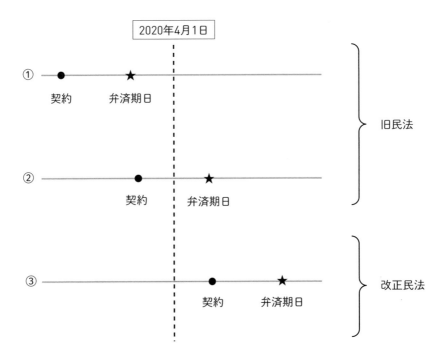

(2) 時効の中断事由〈要件2〉の適用関係の規律

　こちらについては、時効期間とは異なり、時効期間の改正とは異なり、契約行為などの原因行為が施行日前後かにかかわらず、施行日（2020年4月1日）以降に生じた事由か否かにより、適用関係を判断することになります。

〈時効の更新（中断）・完成猶予（停止）事由の新旧民法適用関係〉

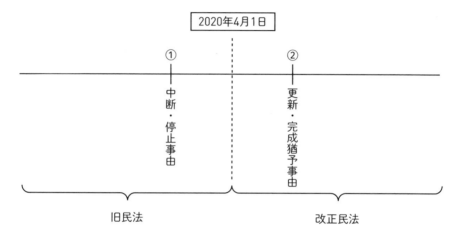

消滅時効期間の改正（職業別短期消滅時効の廃止等）

事例44≫ 　当社（X社）は、食品製造・加工機器の販売事業を営んでいる会社です。Y社に対して、食品加工機器を販売し届けたのですが、代金を支払ってもらえず、時間が経過しています。

Q この代金の請求は、いつまで可能でしょうか？

A 　2020年4月1日以降に販売したものであれば、改正民法により、5年間は時効が成立せず、請求が可能です。仮に2020年4月1日より前に販売した場合には、旧民法により、2年間で時効が成立することになります。

解説

1. 旧民法の時効期間

　旧民法においては、債権の消滅時効期間は、原則として、権利を行使できる時から10年とされていました（旧民法167条1項）。

　しかし、旧民法においては、商品の売掛債権2年、診療報酬債権3年など、取引（契約）の性質によって、より短期の消滅時効期間が定められています（いわゆる「職業別短期消滅時効制度」）。また、商行為によって生じた債権（いわゆる「商事債権」）については、民法とは別に商法の適用も受けることになります（旧商法522条）。主な職業別短期消滅時効をあげると以下のとおりになります。

債権の種類	消滅時効期間
医師の診療債権等（旧民法170条１号）	３年
「工事」に関する債権等（旧民法170条２号）	３年
弁護士等の報酬債権等（旧民法172条１項）	２年
商品等の売掛債権（旧民法173条１号）	２年
物の制作等の報酬債権（旧民法173条２号）	２年
技能教育等の代価についての債権（旧民法173条３号）	２年
使用人の給料にかかる債権 （旧民法174条１号）※	１年
運送賃にかかる債権（旧民法174条３号）	１年
旅館の宿泊料や飲食店の飲食料等に係る債権 （旧民法174条４号）	１年
商事債権（旧商法522条）	５年

※　旧労働基準法で、賃金その他の請求権は２年、退職手当は５年と修正されていました（旧労働基準法115条）。なお、労働基準法上の時効期間の改正についてはColumn（163ページ）をご覧下さい。

本事例の食品加工機器の売買代金は、上記表の「商品等の売掛債権」に該当します。X社は、Y社に対して、商品の引渡し時から権利を行使できるものと考えられますので、旧民法では、その時から２年が経過してしまえば、時効期間が経過していることとなります。

2. 改正民法による職業別短期消滅時効等の廃止

旧民法の職業別短期消滅時効制度には、債権の消滅という重大な効果が生じるにもかかわらず、時効期間が当事者にわかりにくいことや権利の性質として、どの債権に該当するのかが明確ではないという実務上の問題がありました。

そこで、改正民法では、職業別短期消滅時効及び商事消滅時効が廃止さ

れました。そして新たに債権者の認識を基準とした主観的起算点が創設されて、客観的起算点との二元的な構成となりました。

改正民法

第166条　債権は、次に掲げる場合には、時効によって消滅する。

　一　債権者が権利を行使することができることを知った時から５年間行使しないとき。

　二　権利を行使することができる時から10年間行使しないとき。

２　……省略……

　つまり、改正民法において、原則として、権利を行使できることを知った時（主観的起算点）から５年となります。仮に権利行使を知らなかった場合には、権利が行使できる時（客観的起算点）から10年と統一されました（改正民法166条１項）。また、それに伴い旧商法522条の商事債権についての規律も廃止されました。

　なお、「権利を行使できることを知った時」については、どの程度の認識があれば足りるのかなどについては、条文からでは、必ずしも明らかとまではいえませんし、学説上も議論があるところです。

　ただし、「知った時」の考え方で結論が分かれるのは、主に事務管理、不当利得、損害賠償請求など、特殊なものであると考えられます。

　本件の事例も含む、通常取引の債権の回収や金銭の貸し借りなど、契約（取引）上の債権であれば、、契約または民法の規律により債権の発生や弁済期などが決定されているため、債権者の認識としても、「権利を行使することができる」状態となれば、それを「知った時」と評価できる場合がほとんどであると考えられます。

したがって、実務上は、権利を行使できる時から５年間と考えて、債権管理を行っていくことになるでしょう。

3．まとめ

　本事例においては、2020年４月１日以降に販売したものであれば、５年間は時効が成立せず、請求が可能です。仮に2020年４月１日より前に販売した場合には、２年間で時効が成立していることになります。

【旧民法の場合と適用関係】

　旧民法の場合の規律は、前述「１」のとおりです。

　時効期間に関する旧民法と改正民法の適用関係は、事例43（199ページ）をご参照下さい。

消滅時効期間の改正が税務上の貸倒通達へ与える影響

　債権が回収できない場合には、税務上、当該債権を貸倒損失として、損金とすることが認められます（法人税法22条3項3号）。

　この「回収できない」がどのような場合をいうのか曖昧なため、法人税基本通達が実務上の基準となっています。法人税基本通達の貸倒れの規定のうち、法人税基本通達9-6-3では、一般的な事実上の貸倒れを定める法人税基本通達9-6-2とは別に一定の債権について、下記のように定められています。

9-6-3　債務者について次に掲げる事実が発生した場合には、その債務者に対して有する売掛債権（売掛金、未収請負金その他これらに準ずる債権をいい、貸付金その他これに準ずる債権を含まない。以下9-6-3において同じ。）について法人が当該売掛債権の額から備忘価額を控除した残額を貸倒れとして損金経理をしたときは、これを認める。

(1)　債務者との取引を停止した時（最後の弁済期又は最後の弁済の時が当該停止をした時以後である場合には、これらのうち最も遅い時）以後1年以上経過した場合（当該売掛債権について担保物のある場合を除く。）

(2)　法人が同一地域の債務者について有する当該売掛債権の総額がその取立てのために要する旅費その他の費用に満たない場合において、当該債務者に対し支払を督促したにもかかわらず弁済がないとき

※（注意書き及び改正の経緯は筆者が削除）

この通達の趣旨は、事実上の売掛債権の貸倒れの厳格な回収不能要件の立証を緩和し、取引停止等の形式的な基準で貸倒れの判断ができるようにすることにあります。「形式上の貸倒れ」などと呼ばれます。

　例えば、売掛債権であれば、通常取引を停止し、1年を経過すれば回収は難しいよね！？ という経験則に基づくものであると考えられます。ただし、旧民法の職業別短期消滅時効においても、「生産者、卸売商人又は小売商人が売却した産物又は商品代価に係る債権」は、2年の短期消滅時効に服する（旧民法173条1号）ことも、この通達の存在の大きな理由の1つとされていました。

　改正民法では、この職業別短期消滅時効が廃止され、売掛債権の時効も5年となる（事例44（202ページ参照））ことから、この形式上の貸倒れの通達の存続に影響がでるのではないかとも考えられます。

　筆者の私見ですが、この通達はあくまでも経験則の類型化という側面もあるため、民法改正の影響により改正や変更はされないのではないかと考えます。ただし、今後の動向には注視する必要があるでしょう。

時効期間がストップする方法とリセットする方法

> **事例45≫** 当社（X社）は、食品製造・加工機器の販売事業を営んでいる会社です。Y社に対して、食品加工機器を販売し届けたのですが、再三催促しているにもかかわらず、Y社は代金の支払をしてくれません。
>
> ある程度期間が経っているので、時効にかかってしまわないか不安に思っています。

Q 時効の成立を防ぐための手段について教えてください。

A 時効の完成を防ぐためには、時効の完成猶予または更新等の手段を用いる必要があります。旧民法では、「中断」事由とされているものが、改正民法では完成猶予と更新事由に整理されました。改正点もあわせて解説します。

解説

1. 旧民法の中断事由

　旧民法における中断事由とは、一定の事由が生じた場合、その時点まで進行していた期間の効力を失わせ、再度０から時効期間の進行を開始させるものです（事例43（196ページ参照））。つまり、単に時効期間がストップされるのではなく、リセットされると考えるとイメージを持ちやすいかと思います。

　旧民法における中断事由には、大きく①請求（旧民法147条１号）、②差押え、仮差押え及び仮処分（旧民法147条２号）、③承認（旧民法147条３号）

があります。

(1) ①請求（旧民法147条1号）

　「請求」とは、a裁判上の請求（旧民法149条）のほか、裁判外の請求として、b. 支払督促（旧民法150条）、c. 和解・調停の申立て（旧民法151条）、d. 破産・再生・更生手続参加（旧民法152条）、e. 催告（旧民法153条）がありました。、なお、催告だけでは確定的な時効中断の効果を生じさせるものではなく、時効中断の効果が生じるためには、催告の後、6か月以内に裁判上の請求、支払督促の申立、民事調停法もしくは家事事件手続法による調停の申立て、破産手続参加、再生手続参加、更正手続参加、差押え、仮差押えまたは仮処分というその他の時効中断措置を講じる必要があるとされていました（旧民法153条）。つまり、催告だけは、6か月間ストップしかされないというイメージです。

(2) ②差押え、仮差押え及び仮処分（旧民法147条2号）

　差押えとは、民事執行法で定められた強制執行手続の中で、執行機関が債務者の財産の処分を禁止し、その財産を確保する行為をいいます（民事執行法45条等）。仮差押えと仮処分は、将来の強制執行手続を待っていたのでは、権利が実現できなくなるおそれなどがある場合に、その権利を保全するために、債務者などの財産について、その処分を暫定的に禁じる措置などを行う手続をいいます。ただし、差押え、仮差押えまたは仮処分が、権利者の請求によりまたは法律の規定に従わないことにより取消されたときは、時効の中断の効力は生じないとされていました（旧民法154条）。

(3) ③承認（旧民法147条3号）

　消滅時効における「承認」とは、時効の利益を受ける当事者（債務者等）が、権利者（債権者等）に対して、その権利（債権等）が存在することを知っていることを表示すること（いわゆる「観念の通知」）をいいま

す。このように債務を承認した債務者に対して、時効の利益を認める意味はないからです。

　したがって、債務の承認があった時点で時効期間がリセットされ、再度、時効期間が進行されることになります。

　書面で行う必要があるなどの形式的な方式については、特に制限があるわけではありません。権利が存在することの認識を示す行為は「承認」となります。

　例えば、債務者から債権者に対する利息の支払は元本の承認となりますし、債務の一部弁済は残債務についての承認となります。

2. 改正民法における完成猶予・更新事由
(1) ①旧民法における「請求」（改正民法147条各号）

> a. 裁判上の請求（改正民法147条1項1号）
> b. 支払督促（改正民法147条1項2号）
> c. 和解・調停の申立て（改正民法147条1項3号）
> d. 破産・再生・更生手続参加（改正民法147条1項4号）

　旧民法において、中断事由とされていたこれらの事由は、改正民法により、これらの事由のみでは、完成猶予事由とされることとなりました（改正民法147条1項）。その後、確定判決または確定判決と同一の効力を有するもの（裁判上の和解等）により権利が確定した場合には、各事由が終了した時に時効が更新され、新たに時効期間の進行が始まることとなりました（改正民法147条2項）。なお、確定判決などで権利が確定することなく、これらの事由が終了した場合には、終了から6か月間は完成が猶予されることとされます（改正民法147条1項柱書括弧書）。

　なお、旧民法では、中断事由ではあるが6か月以内にその他の時効中断

措置を講じる必要があるとされていた、「e.催告」については、催告が到達した時から6か月間は時効の完成が猶予されるという猶予事由として整理されました。

(2) ②差押えなどの強制執行（改正民法148条）・仮差押え及び仮処分（改正民法149条1号2号）

a. 差押えなどの強制執行

前述のとおり、旧民法下では、差押えが中断事由として定められていました。強制執行や担保権の実行のための差押え手続が「差押え」に該当することが明らかでしたが、差押えがなされない強制執行、競売手続や民事執行法における財産開示手続がなされた場合にどのように考えるかについて争いがありました。

しかし、これらの手続であっても、権利者が権利を実現する意思を一定の手続により外部的に表明している場合にあたりますので、時効の完成猶予や更新を認めるべきとして、以下の事由が明文化されました。

・強制執行
・担保権の実行
・民事執行法195条に規定する担保権の実行としての競売の例による競売
・民事執行法196条に規定する財産開示手続

「請求」と同様に、これらの事由が終了するまでの間、時効の完成が猶予され、事由が終了した時に時効が更新され、新たに時効期間の進行が始まることとなりました（改正民法148条2項）。ただし、申立ての取下げまたは法律の規定に従わないことによる取消によりその事由が終了した場合には、その終了した時から6か月間、時効の完成が猶予されることとなります。

b. 仮差押え及び仮処分（改正民法149条1号、2号）

　旧民法では前述のとおり中断事由とされていました。しかし、仮差押え及び仮処分は、本来、将来のための暫定的な手続に過ぎないことから、完成猶予事由として整理しなおされました。事由が終了した時から6か月を経過するまでの間、時効の完成が猶予されることになります。

（3）③承認（改正民法152条）

　前述のとおり中断事由とされていました。改正民法でも同様の効果を持つ更新事由となります。

（4）④協議を行う旨の合意による時効の完成猶予（改正民法151条）

　改正民法により、新たに創設された完成猶予事由になります。詳細は事例46（213ページ）を参照下さい。

3. まとめ

　以上が、時効の完成を阻止する手段となります。実務上の債権管理としては、債務履行をしない債務者がいる場合には、支払を猶予するとしても、一部支払や支払猶予の嘆願を書面やメール等証拠に残る形で、債務の③承認をとっておくことが重要です。

【旧民法の場合と適用関係】

　旧民法の場合の中断事由については、前述「1」のとおりです。

　完成猶予・更新事由に関する旧民法と改正民法の適用関係は、事例43（196ページ）をご参照下さい。

協議を行う旨の合意による新たな完成猶予の方法

事例46≫
当社（X社）は、Y社に売掛債権を有しています。なかなか返済がされないため、最近になって催促などをしていますが、Y社としては、この売掛債権は存在しないという主張のようです。当社とY社としては、話し合いで解決をしていきたいと考えていますが、もうすぐ時効期間が過ぎてしまうことが発覚しました。消滅時効の完成をする措置を見ると裁判所への訴えの提起など強硬的な手段が多いかと思いますが、お互いすぐに裁判をすることなどは、求めていません。

Q 消滅時効の完成を防ぎつつ話し合いの期間を確保する方法はないでしょうか？

A 改正民法により、新たに創設された「協議を行う旨の合意による時効の完成猶予」が活用できます。

解説

1.「協議を行う旨の合意による時効の完成猶予」制度の概要

旧民法においては、当事者の協議によって時効が猶予される制度がないため、債権者と債務者で自発的に協議中であったとしても、時効の完成を時効の更新（中断）・完成猶予（停止）事由がないこと防ぐために裁判などの強制的な手段をとらざるを得ないというところがありました。

そこで、改正民法では、新たに、権利（債権など）についての協議を行う旨の合意が書面でなされたときは、時効の完成猶予を認めるという制度が創設されました。なお、合意が、その内容を記録した電磁的記録（メールなど）によってなされた場合でも、「書面」によるものとみなされます

（改正民法151条 4 項）。

2. 制度の詳細

(1) 猶予期間

猶予期間は、以下の 3 つの時期から最も早い時までとされます（改正民法151条 1 項）。

①その合意があった時から 1 年を経過した時

②その合意において当事者が協議を行う期間（ 1 年に満たないものに限る。）を定めたときは、その期間を経過した時

③当事者の一方から相手方に対して協議の続行を拒絶する旨の通知が書面でされたときは、その通知の時から 6 か月を経過した時

つまり、<u>1 回の合意で猶予できる期間の最大は 1 年</u>ということになります。

(2) 再度の合意

協議する旨の合意による協議中に再度、協議する旨の合意をすることも可能とされています（改正民法151条 2 項）。つまり、再度の合意から(1)の猶予期間が認められるということです。例えば、合意から 1 年で協議がまとまらないということで、さらに 1 年の猶予をするということも可能となります。

ただし、本来の時効完成時から通じて 5 年を超えることができないとされています（同法同条同項但書）。 5 年もの期間、協議を続けても結論がでないようなケースでは当事者間での解決が見込めないため、それ以上完成猶予を認める必要はないからです。

つまり、<u>再度の合意を繰り返して猶予できる最大の期間は 5 年</u>となります。

(3) 「催告」との関係

　時効の完成猶予の方法として、前述のとおり「催告」が存在します（事例45（211ページ参照））。この催告と協議を行う旨の合意による完成猶予について、重複適用はないとしています（同法同条3項）。

　つまり、催告により「時効の完成が猶予される間に」協議を行う旨の合意をしたとしても、完成猶予の効力を有しないとされ、逆に協議を行う旨の合意により「時効の完成が猶予される間に」催告がされたとしても完成猶予の効力を有しません。

(4) 「承認」との関係における注意点

　協議を行う旨の合意は、あくまでも、債権などの権利の存否についての協議をするものです。

　本事例のX社においては問題ありませんが、債務者（Y社）側の立場では、債権が存在することを前提とした支払時期を協議する合意などは、債務者の「承認」になってしまいますので、注意が必要です。協議を行う旨の合意書の文言としては、「請求している債権の存否などを含めて、この債権について協議を開始する」とするなど、債務の承認にならないようにする工夫が必要となります。

3. 本事例について

　X社とY社が、協議を行う旨の合意をすれば、時効の完成を阻止しつつ、裁判などによらない話し合いの機会を確保することが可能です。

　ただし、あくまでも更新ではなく、猶予事由に過ぎませんので、猶予期間中に話し合いがまとまらない場合には、訴訟提起を含むその他の完成猶予・更新のための措置を講じなければ、時効が完成してしまいますので、注意が必要です。

【旧民法の場合と適用関係】

　旧民法の場合は、前述「1」のとおりです。

　旧民法と改正民法の規律は、他の完成猶予・更新事由と同様に、施行日（2020年4月1日）以降に生じた事由か否かにより、適用関係を判断することになります（事例43（199ページ参照））。時効期間と異なり、施行日前に債権が生じていたとしても、合意が施行日以降であれば、適用があることになります。なお、施行日前に協議を行う旨の合意をしていたとしても、完成猶予の効力は生じません（改正民法附則10条3項）。

不法行為に基づく損害賠償請求と生命・身体が害された場合の時効期間

事例47≫　当社（X社）は、ある工場を営んでいます。ある時期に工場の排水に有害物質が含まれていたとして川に流れ、その有害物質が原因で、身体に被害を被ったとして、近隣住民Yから、損害を賠償するように請求を受けています。

　当社としては、Y以外からそのようなことをいわれてもいませんし、有害物質が含まれていたという根拠もないため、損害賠償に応じるつもりはありませんが、あまりにもしつこいため、時効についても把握しておきたいと考えております。

Q　損害賠償が認められるかは別として、このような損害賠償の請求については、どのくらいの期間で、時効が成立するのでしょうか？

A　本事例において、不法行為による損害賠償請求が認められると仮定した場合、改正民法における時効期間は、被害者が損害及び加害者を知った時から5年、または不法行為の時（有害物質を排出したとき）から20年となります。

解説

1. 一般的な不法行為に基づく損害賠償請求権の時効期間

　Yからの損害賠償の請求は、X社とYの間に契約関係等はないことから、不法行為（民法709条）に基づく損害賠償請求を法的な根拠とするものと考えられます。

不法行為に基づく損害賠償請求については、旧民法の時代から、取引上の債権と異なり、被害者が損害及び加害者を知った時から3年の消滅時効とされていました。また、不法行為の時から20年経過すれば、除斥期間により消滅するものと解されていました（旧民法724条）。なお、除斥期間とは、消滅時効とは異なり、更新・完成猶予事由等の適用や時効の援用（事例43（198ページ）参照）がなくとも、期間の経過により、当然に権利が消滅するものです。

　改正民法においては、一般的な不法行為に基づく損害賠償請求においては、以下の規律に服することとなりました。

（不法行為による損害賠償請求権の消滅時効）

第724条　不法行為による損害賠償の請求権は、次に掲げる場合には、時効によって消滅する。

一　被害者又はその法定代理人が損害及び加害者を知った時から3年間行使しないとき。

二　不法行為の時から20年間行使しないとき。

　期間としては、旧民法と異なることなく、被害者が損害及び加害者を知った時から3年または不法行為の時から20年となります。ただし、この20年の長期の期間も旧民法では除斥期間と解されていたことと異なり、時効期間とされました。

　一方で、本事例において、Yは、「身体に被害を被った」として、損害賠償請求をしています。改正民法では、以下のとおり、人の生命又は身体を害する不法行為に関しては、特別の規律を設けています。

2.　人の生命又は身体を害する不法行為による損害賠償請求権

　旧民法においては、不法行為については、損害の性質にかかわらず、

「1」で解説した旧民法の規律とされていました。しかし、人の生命または身体というのは非常に重要な権利であるにもかかわらず、損害及び加害者を知った時から3年という時効期間は短すぎるとの考えが根強いところでした。

　そこで、改正民法においては、人の生命または身体に損害が生じた場合には、被害者が損害及び加害者を知った時から5年が消滅時効期間となるという特例を設けました（改正民法724条の2）。

　本事例では、Yは、「身体に被害を被った」としているため、消滅時効期間は、Yが損害及び加害者を知った時から5年となります。

【旧民法の場合と適用関係】

　旧民法の場合は、前述の「1」のとおりです。

　改正民法と旧民法の適用関係は、通常の消滅時効期間の適用関係（事例43（199ページ参照））とは異なり、前述の除斥期間から長期消滅時効期間への変更と人の生命または身体に損害が生じた場合の特例は、施行日時点で、旧民法における期間を経過していない限り、改正民法が適用されます（改正民法附則35条1項、2項）。つまり、本事例においては、2020年4月1日時点において、被害者が損害及び加害者を知った時から3年が経過し、時効が完成していなければ、5年の時効期間となります。また、2020年4月1日時点において、不法行為時（有害物質を排出したとき）から20年経過していなければ、この20年は除斥期間ではなく長期時効期間となります。

2 債権者代位

強制執行できない債権を被保全債権として債権者代位権を行使できるか？

> **事例48≫**　当社は、アクセサリーの製造業を営んでいるX社です。当社は、アクセサリーの卸販売業を個人で営んでいるAと5年ほど取引をしています。Aとは、2020年4月1日付で売買取引基本契約書を締結し、個別の発注に応じて商品を納品する、商品代金は月末締翌月末日払とする条件で取引をしてきました。
>
>　ところが、2021年1月頃から支払が1ヵ月ほど遅れるようになりました。それまで、Aから支払が滞ることはなかったですし、Aは信頼できる人柄の方だったので、特に心配はしていなかったのですが、2021年6月に発注を受けた商品の代金合計100万円について、Aから支払がされませんでした。
>
>　その後、Aの破産手続が開始され、2021年11月1日に免責許可決定が確定しました。調べたところ、AはY社に対して、2021年4月に受注した商品の売掛金債権20万円を有していたようです。

Q　債権者代位権という民法上の権利があるようなのですが、X社はAのY社に対する売掛金債権20万円を代わりに行使して、X社のAに対する売掛金債権を回収することはできないのでしょうか？

A　AのY社に対する売掛金債権を代わりに行使して、債権を回収することはできないと考えられます。

解説

2020年 4月1日	2021年 1月	2021年 4月	2021年 6月	2021年 11月
契約締結	支払遅滞	A↓Y 代金債権	X↓A 代金債権	A 免責許可決定

1. 本事例の問題点

　本事例で、Aは、破産して免責許可決定を受けており、X社に商品代金を支払う必要がなくなっています（破産と免責許可決定については本解説4で説明します）。このような場合でも、X社は、AのY社に対する債権を代位行使して、売掛金債権を回収することができるのかが本事例の問題点です。

2. 債権者代位権とは

　債権者代位権とは、債権者が債務者に対する債権（「被保全債権」といいます）を保全するために債務者の権利（「被代位権利」といいます）を債務者に代わって行使することができる権利をいいます（改正民法423条1項）。

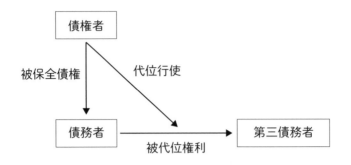

　債権者代位権は、責任財産の保全のための制度であるといわれます。責任財産とは、債務者の総財産から抵当権などの担保物権で担保されている部分を控除した財産のことをいいます。この責任財産は、担保物権を有しない債権者（「一般債権者」といいます）全員の債権の引当てになっています。一般債権者が複数いる場合に責任財産に対して強制執行がされると、責任財産は各一般債権者の債権額に応じて平等に分配されることになります。

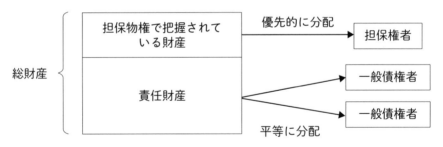

3. 債権者代位権の要件

　債権者代位権は、債務者が自分のもっている権利を行使せずに、責任財産の維持を行わない場合に、債権者がその権利を債務者に代わって行使することを認める制度です。このような制度の趣旨から、債権者代位権を行使するためには、債権の保全をする必要があること（債務者が無資力であ

ること）が必要とされています（改正民法423条1項）。また、原則として、債権者の債権の期限が到来していることも必要です（改正民法423条2項）。さらに、債権者代位権は、強制執行の準備を行うことを予定したものでもあることから、債権者の被保全債権が強制執行により実現できるものであることが必要とされています（改正民法423条3項）。本事例では、「債権者の債権が強制執行により実現できるものであること」という要件を満たしているかが問題となります。

　債務者が任意に債務の支払を行わない場合には、裁判所に訴訟を提起して判決をもらった上で、その判決をもとに強制執行の手続を申し立てて、債務の支払を強制的に実現することができます（12ページ参照）。しかし、どのような債務であっても強制執行の手続を申し立てることができるわけではありません。

4. 本事例について

　本事例では、Aは破産し、免責許可決定が確定しています。破産という制度は、民法に定められている制度ではなく、破産法という法律に定められている制度です。破産をして、免責許可決定が確定すると、破産した個人は自分の債務を支払う必要がなくなるということが破産法で認められています（破産法253条1項）。そうすると、強制執行の手続を使って支払を強制することもできなくなってしまいます。

　上記のとおり、債権者代位権を行使するには被保全債権が強制執行により実現可能なものであることが必要ですが、免責許可決定が確定してしまうと、強制執行することができなくなってしまうため、債権者代位権を行使することができません。したがって、本事例では、AのB社に対する売掛金債権を代位行使して、債権を回収することはできないということになります。

【旧民法の場合と適用関係】

　旧民法でも債権者代位権の制度は定められていましたが、「債権者は、その債権が強制執行により実現することのできないものであるときは、被代位権利を行使することができない」という文言は、定められていませんでした。もっとも、旧民法の下でも、被保全債権は強制執行によって実現可能なものであることが必要であると解釈されていました。これは、債権者代位権の制度が、強制執行の準備を行うことを予定した制度だからです。改正民法は、旧民法下での解釈を明文化したものであるといえるでしょう。

　なお、被代位債権が施行日（2020年4月1日）前に生じたものである場合の債権者代位権については旧民法が適用され、被代位債権が施行日以後に生じたものである場合の債権者代位権については、改正民法が適用されます（改正民法附則18条1項）。

債権者代位権が行使された後に債務者は自ら取り立てできるのか？

事例49≫ 当社は、プラスチック製品の製造業を営むX社です。当社は、A社に対し、継続的にプラスチック製品を卸してきました。当社は、2020年4月10日、A社から200万円分のプラスチック製品の発注を受け、同年4月30日に納品しました。代金の支払期限は2020年5月31日です。ところが、A社の経営状況が悪化し、A社は当社に対する代金を支払うことができない状態となり、支払期限に代金200万円は支払われませんでした。なんとかしてA社に対する代金債権を回収することができないか、いろいろと調べたところ、A社はY社に対して200万円の代金債権を有していることが判明しました。2020年6月15日、当社はY社に対し、債権者代位権に基づいて、当社に支払うよう求める通知書を送りました。ところが、このことを知ったA社が、Y社が当社に支払う前にY社に支払を求め、Y社はA社に支払をしてしまったようです。

Q X社は、Y社に対して200万円を当社に支払うよう求めることはできないのでしょうか？

A X社は、Y社に対して支払を求めることはできないと考えられます。

解説

2020年 4月10日	2020年 4月30日	2020年 5月31日	2020年 6月15日	
A ↓ X 発注	納品	代金支払期限	X ↓ Y 支払を求める通知	Y ↓ A に支払

　本事例では、X社が債権者代位権に基づきA社のY社に対する代金債権を行使して、Y社に支払を求めたところ、A社がY社に対して支払を求め、Y社はA社に代金を支払ってしまっています。債権者が被代位権利（221ページを参照）を行使した場合に、債務者は、自ら被代位債権の取り立てをすることができるのでしょうか。

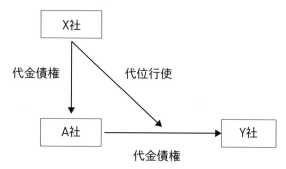

　この点について、改正民法は、「債権者が被代位権利を行使した場合であっても、債務者は、被代位権利について、自ら取り立てその他の処分をすることを妨げられない」と定めています（改正民法423条の５前段）。したがって、本事例で、A社は、Y社に対して代金の支払を求めることができることになります。また、改正民法は、「この場合においては、相手方

も、被代位権利について、債務者に対して履行をすることを妨げられない」と定めています（改正民法423条の5後段）。したがって、本事例で、A社から代金の支払を求められたY社は、A社に対して支払うことができます。Y社がA社に対して代金を支払ってしまうと、A社のY社に対する代金債権は消滅してしまうため、X社は、Y社に対して支払を求めることはできなくなってしまいます。X社としては、A社がY社から支払を受けた200万円から、A社に対する代金債権の支払を受けるべく、早急に対応をする必要があります。

【旧民法の場合と適用関係】

　旧民法には、改正民法423条の5の定めるルールは定められておらず、また、解釈により、債権者が債権者代位権に基づき被代位権利を行使した場合、債務者が有する被代位権利の管理処分権は制限され、債務者は第三債務者に対して取立てを行うことはできないと考えられていました。改正民法423条の5は、旧民法下でのルールを実質的に改正したものであるといえるでしょう。

　なお、被代位権利が施行日（2020年4月1日）前に生じたものである場合の債権者代位権については旧民法が適用され、被代位権利が施行日以後に生じたものである場合の債権者代位権については、改正民法が適用されます（改正民法附則18条1項）。

登記請求権の代位行使

事例50≫
　当社は、不動産販売業を営むX社です。当社は、戸建て住宅の販売を事業の主軸としており、戸建て住宅の用地を購入して、外部の業者に住宅の建設を委託し、完成した住宅を販売しています。2020年4月10日、当社は、Aとの間で、戸建て住宅の建設用地としてAの所有する土地を2,000万円で購入する売買契約を締結しました。この土地については事情があり、土地の所有権はAにあるのですが、所有権登記は前の所有者であるYさんのままになっています。

　売買契約書では、代金の支払期日を2020年4月10日とすること、YからAへの所有権移転登記手続を2020年4月20日までに行うこと、Aから当社への所有権移転登記手続を2020年4月30日に行うこと、土地の所有権は代金の支払が全額完了した時点でYから当社に移転することを定めています。通常は、代金の支払と同時に所有権移転登記も行うのですが、早急に土地の所有権を取得しなければならない事情があったため、代金を契約締結日に支払って、所有権移転登記手続については後から行うことにしたのです。

　当社は、契約の定めに従って、代金全額を契約締結日に支払いました。ところが、2020年4月30日、Aから、突然、「代金が安すぎるので所有権移転登記手続には応じられない」と連絡がありました。Yに連絡してみたところ、Yからも「所有権移転登記手続には協力できない」といわれてしまいました。結局、YからAへの所有権移転登記手続、Aから当社への所有権移転登記手続のいずれも完了していません。

Q X社は、土地の所有権移転登記を完了するために、どのような方法をとればよいでしょうか？

A AのYに対する所有権移転登記手続請求権を代位行使する訴訟と、Aに対する所有権移転登記手続請求訴訟を提起する方法が考えられます。

解説

1. 本事例の問題点

　本事例では、X社は土地の所有者であるAから土地を購入して代金を全額支払っていますが、所有権登記はAの前の所有者であるYのままになっています。このような場合、X社はAに対して、所有権移転登記手続を請求する権利を有していますが、Aに対する所有権移転登記手続請求権を被保全債権として、AのYに対する所有権移転登記手続請求権を代わりに行使することはできないのでしょうか。

2. 債権者代位権の転用

　債権者代位権は、責任財産の保全を目的とした制度ですので、被保全債権は金銭の支払を求める債権（金銭債権）が本来想定されています。本事例の場合、被保全債権は、金銭債権ではなく、所有権移転登記手続請求権であるため、一見、債権者代位権は使えないのではないかと思われます。もっとも、改正民法は、「登記又は登録しなければ権利の得喪及び変更を第三者に対抗することができない財産を譲り受けた者は、その譲渡人が第三者に対して有する登記手続又は登録手続をすべきことを請求する権利を行使しないときは、その権利を行使することができる」と定めています（改正民法423条の7前段）。

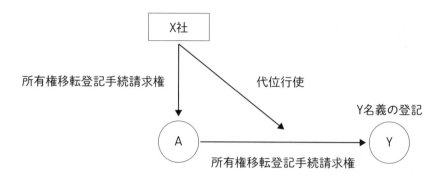

X社

所有権移転登記手続請求権　　　　　代位行使

Y名義の登記

A　　　　　　　　　　　　　　　　　Y
所有権移転登記手続請求権

　これは、本来、責任財産の保全（金銭債権の保全）を目的とする債権者代位権を、金銭債権ではない権利の実現のために転用するものであり、転用型の債権者代位権と呼ばれます。

3. 本事例について

　本事例で、X社は、AのYに対する所有権移転登記手続請求権を代位行使する訴訟を提起して勝訴判決を得てYからAへの所有権移転登記を実現し、Aに対する所有権移転登記手続請求訴訟を提起して勝訴判決を得てAからX社への所有権移転登記を実現することができると考えられます。

> 【旧民法の場合と適用関係】
> 　旧民法では、改正民法423条の7のような規定は定められていませんでした。もっとも、判例は、不動産登記請求権を被保全債権として、不動産登記請求権を代位行使することを認めていました。改正民法は、この判例法理を明確化したものであるといえるでしょう。
> 　なお、改正民法423条の7の規定は、施行日前に生じた被代位権利については、適用されないとされています（改正民法附則18条2項）。

3 詐害行為取消権

詐害行為取消権の要件と効果

当社は、主に美容院向けのシャンプーや整髪剤などの商品を製造するメーカーのA社です。

当社（A社）は、主要駅の近くで大規模サロンを営業するB社に対して、自社商品を販売し、売掛債権1,000万円を有しています。ところが、B社は、この1,000万円の支払を一向に行わず、近頃はサロンの営業を停止し、2020年10月1日、資力がなく、支払不能の状態になってしまいました。

そこで、当社は、B社の代表取締役に連絡をとったところ、同人から、B社はサロンを閉店するので1,000万円は支払えないとの説明を受けました。

もっとも、当社が独自に調査をしたところ、以下の事情がわかりました。

・B社は、2020年10月2日、B社の状況をよく知るC社に対して、B社が所有するサロンの備品一式（時価500万円）を贈与し、C社の事務所において引渡しも済ませていました。

・B社は、A社と同業のD社から先に激しい取立てを受けたため、2020年10月2日、D社のB社に対する売掛債権300万円に担保を提供すること、D社の売掛債権300万円は、その担保を実行することで他の債権者に先立って回収を可能にすること、をD社と通謀して、B社のサロンの建物および土地に抵当権を設定し、抵当権設定登記を行っていました。

Q ① A社は、C社から、C社の事務所内に存在するサロンの備品一式の引渡しを受けて売掛債権を回収したいと考えていますが、可能でしょうか？

② A社は、D社に対して、抵当権の設定の取消しを請求したいと考えていますが、可能でしょうか？

A ①A社は、C社を被告として、詐害行為取消請求訴訟を提起・B社に訴訟告知の上、同訴訟で請求認容判決を得て、C社からサロンの備品一式の引渡しを受けることができます。

もっとも、A社がC社から受領したサロンの備品一式について有している権利は、これらを受領し、債務者の一財産として管理する権限に過ぎず、A社は、受領したサロンの備品一式の所有権を得ることにはなりません。

したがって、A社がB社に対する売掛債権1,000万円の一部を受領したサロンの備品一式から回収したい場合には、A社はB社に対する売掛債権1,000万円につき債務名義を得た上で、動産（サロンの備品一式）を目的とする強制執行の手続を行う必要があります。

また、②A社は、D社を被告として、詐害行為取消請求訴訟を提起・B社に訴訟告知のうえ、D社に対する抵当権の設定行為の取消しと本件不動産の抵当権設定登記の抹消登記手続を請求することができると考えられます。

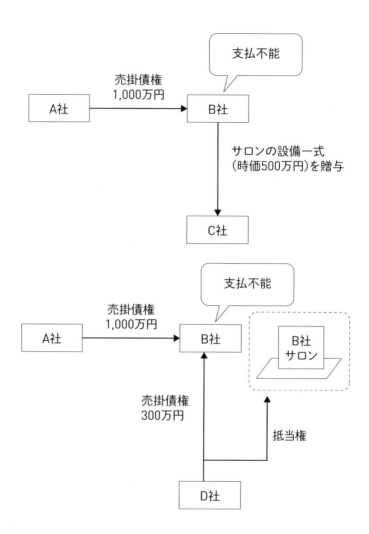

解説

1. 詐害行為取消権とは

　詐害行為取消権は、債務者が債権者を害することを知ってした行為の取消しを、債権者が裁判所に請求できる制度です。

　旧民法においては、抽象的な要件しか定められておらず、取消しの効果

については、判例がその帰結を示していました。そこで、改正民法においては、この判例法理を明文化・補充しました。

2. ①C社に対する詐害行為取消権

(1) 詐害行為取消権の要件

まず、A社はC社に対して詐害行為取消請求権を行使できるのでしょうか。

詐害行為取消権の一般的な要件は、以下の五つです。これらの要件に、債務者の行った行為や詐害行為取消請求の相手方などの請求の類型に応じて、要件が追加されることになります（改正民法424条の2～改正民法424条の5）。

(1) 債権者が債務者に対して被保全債権を有すること
(2) 被保全債権の発生原因が、詐害行為の前に生じていること
(3) 債務者が無資力であること
(4) 債務者が財産権を目的とした債権者を害する行為を行ったこと
(5) 債務者が債権者を害することを知っていたこと

ただし、債務者から財産の贈与等を受けた受益者が、債務者の行為が他の債権者を害することを知らなかった場合には、詐害行為取消権の行使は認められません。

本事例では、A社はB社に対して売掛債権1,000万円を以前から有しており、B社は2020年10月1日の時点において、弁済原資がなく、無資力の状態です（(1)、(2)、(3)）。また、B社のC社に対するサロンの備品一式の贈与は、B社の責任財産を減少させ、A社を含む債権者を害する行為です（(4)）。また、債務者であるB社は、自社の状況を理解しており（(5)）、受益者であるC社もB社の状況をよく知っていたことから、当該行為が債権者

を害することを知っていたといえるでしょう。

このため、A社は、C社に対して、詐害行為取消請求訴訟を提起し、贈与の取消しを請求することができます。

(2) 詐害行為取消訴訟の判決の効力

では、A社はC社からサロンの備品一式の引渡しを受けた後、そこから売掛債権1,000万円の一部を回収できるのでしょうか。

旧民法では、債権者は、受益者に対して、詐害行為の取消しを直接請求できるとはされていましたが、この取消の効力は債権者と受益者との間に限って発生し、債務者には及ばないとされていました（相対的取消説）。

しかしながら、改正民法では、詐害行為取消訴訟の判決の効力は、債務者及び他の債権者に対しても及ぶと変更されました（改正民法425条）。

さらに、債務者が詐害行為取消請求訴訟の手続に参加する機会を保障するため、債権者は訴訟提起後速やかに、債務者に対して訴訟告知をしなければならないことになりました（改正民法424条の7第2項）。

また、改正民法では、債権者は、受益者に対して、金銭の支払または動産の引渡しを求める場合には、受益者から、金銭または動産を直接取立て、これを受領する権限を有することが明文化されています（改正民法424条の9第1項）。

他方で、受益者は、債権者または債務者に対して、返還を行った場合、受益者の債務者に対する権利が回復することになります（改正民法425条の3）。

以上をまとめると、本事例においては、債権者たるA社は、受益者たるC社に対して、詐害行為取消訴訟で認容判決を得ることにより、B社のC社に対するサロンの備品一式の贈与を取消し、これらを受領することが可能となります。

もっとも、A社がC社から受領したサロンの備品一式について有してい

る権利は、これらを受領し、債務者の一財産として管理する権限に過ぎず、A社は、受領したサロンの備品一式の所有権を得ることにはなりません。

　したがって、A社がB社に対する売掛債権1,000万円の一部を受領したサロンの備品一式から回収したい場合には、A社はB社に対する売掛債権1,000万円につき債務名義を得た上で、動産（サロンの備品一式）を目的とする強制執行の手続を行う必要があります。

3. Dに対する詐害行為取消権（担保の供与行為の詐害性）

　A社は、D社に対して、抵当権の設定行為の取消しを請求することができるのでしょうか。

　旧民法では、個々の行為の詐害性について、明文の規定はなく、判例がその基準を示していました。債務者が一部の債権者に対して担保を供与する行為について、判例は、他の債権者の共同担保を減少させ、利益を害するものであることを理由に、原則として、詐害性を肯定しており、その一方で、担保の供与が営業継続のためにやむを得ないもので、かつ、合理的な限度内のものについて、例外的に詐害性を否定するとしていました。

　改正民法では、破産法上の否認権との整合性を保つ形で詐害行為の類型に関する規定が追加されました。

　具体的に、特定の債権者に対する担保供与行為については、原則として詐害性が否定され、例外的に、(1)担保供与行為が債務者の支払不能時に行われ、(2)債務者と受益者とが通謀し、他の債権者を害する意図をもって行われた場合には、詐害性が肯定されることになります。

　本事例についてみると、B社は、D社のために抵当権の設定を行った2020年10月2日の時点で支払不能の状態でした。

　また、B社は、D社と通謀し、他の債権者より優先してD社の債権が回収できるように抵当権の設定を行っていますので、通謀のうえ他の債権者を害する意図のもと、抵当権を設定しています。

したがって、A社は、D社に対して、D社に対する抵当権の設定行為の取消しと本件不動産の抵当権設定登記の抹消登記手続を請求することができると考えられます。

【旧民法の場合と適用関係】

　旧民法の場合については、【解説】の中で述べたとおりです。なお、詐害行為の時期が改正民法の施行日である2020年4月1日より前の場合には旧民法が、詐害行為の時期が施行日後の場合には改正民法が適用されます。

受益者からの転得者に対する詐害行為取消請求

当社は、中小企業や個人事業主に対して、自社で開発・製造した健康食品の販売を行うA社です。

当社は、当社から仕入れた健康食品をECサイトで販売する個人事業主Bに対して売掛債権500万円を有しています。ところが、当社の担当者の話によると、Bは、支払を3か月も遅滞しており、その間にECサイトを閉鎖し、資力がなく当社の売掛債権500万円を支払うことができない状態であるとのことでした。

その後、当社の担当者がBに連絡をとったところ、Bは、B所有の自動車（時価500万円、以下「本件自動車」といいます）で、当社の在庫保管場所にて健康食品の引渡しを受けに来ていましたが、Bは、Cに対して、本件自動車を時価相当額で売却し、受領した金銭は全てギャンブルで使ってしまったとのことでした。

また、Cは、Dに対して、本件自動車を300万円で転売したとのことでした。

なお、当社の担当者がCに連絡をしたところ、Cは、本件自動車の売買時において、Bに資力がない状態であり本件自動車の売買が債権者を害すること及びBが売買代金を費消する意思を有していたことを知らなかったとのことでした。

その一方で、当社の担当者がDに連絡をしたところ、Dは、Bと旧知の関係にあったため、本件自動車の転売時にBに資力がない状態であり、債権者を害することを知っていたとのことでした。

A社としては、D（転得者）に対して、詐害行為取消請求訴訟を提起し、本件自動車をA社に引渡すことを請求できるでしょうか？

A社は、Dに対して、詐害行為取消請求訴訟を提起し、本件自動車をA社に引渡すことを請求できないと考えられます。

解説 本事例における事実関係及び法律関係・時系列を整理すると以下の図のとおりです。

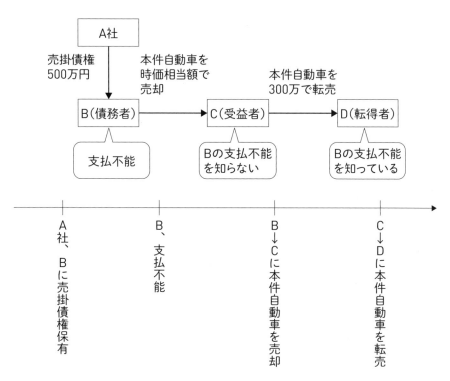

1. 相当対価による財産の処分行為（債務者Bの受益者Cに対する自動車の売却行為）の詐害性とは

（1）問題点の所在

まず、A社がD社から本件自動車の引渡しを請求できるかの前提として、A社としては、C（受益者）に対して、詐害行為取消権を行使し、BのCに対する本件自動車の時価相当額による売却を取消すことができるか否

か、を検討することになります。

　ここでは、時価相当額による本件自動車の売却の詐害性、すなわち相当
対価による財産の処分が問題となります。

(2) 旧民法の場合

　旧民法下の判例では、原則として、不動産を消費または隠匿しやすい金
銭に変えることは、詐害性が認められます。

　他方で、債務者の売却の目的・動機が正当なものであるときは詐害性が
否定されます。ただし、このときでも、特定の債権者と通謀して同人に優
先弁済を受けさせるために処分する場合は詐害性が肯定されることになり
ます。もっとも、改正民法では、これに変更が生じています。

(3) 改正民法の場合

　改正民法においては、破産法161条に揃えるかたちで条文が追加され、
債務者が行った相当対価による財産の処分行為は、原則として詐害性が否
定され、例外的に以下の要件を充たす場合に限って詐害性が肯定されるこ
とになりました（改正民法424条の2）。

> ①　その行為が、不動産の金銭への換価その他の当該処分による財産
> 　の種類の変更により、債務者において隠匿、無償の供与その他の債
> 　権者を害することとなる処分（以下この条において「隠匿等の処分」
> 　という）をするおそれを現に生じさせるものであること
> ②　債務者が、その行為の当時、対価として取得した金銭その他の財
> 　産について、隠匿等の処分をする意思を有していたこと
> ③　受益者が、その行為の当時、債務者が隠匿等の処分をする意思を
> 　有していたことを知っていたこと

(4) 本事例について

本事例では、C（受益者）は、本件自動車の売買時において、Bが売買代金を費消する意思を有していたことを知らなかったため、BがCに対して行った本件自動車の売却の詐害性は認められないと考えられます。

2. 受益者からの転得者に対する詐害行為取消権の行使とは

(1) 問題点の所在

詐害行為取消権は、債務者から詐害行為にあたる財産の処分を受けた受益者のみならず、この受益者から当該財産の処分を受けた転得者やそれ以降に登場する転々得者に対しても、行使することが可能です。

そこで、いかなる場合に転得者に対する詐害行為取消請求権の行使が認められるのでしょうか。

(2) 旧民法の場合

旧民法では、受益者や転得者が、詐害行為時・転得時において、債権者を害すべき事実について知らなかった場合には、詐害行為取消権を行使することができないとされています（旧民法424条1項但書）。

このため、受益者が債権者を害することを知らず、他方で転得者が債権者を害することを知っていた場合について、債権者が、転得者に対して、詐害行為取消権を行使できるか否かについて、学説上の争いがありました。

そのなかで、判例は、「詐害行為の受益者又は転得者の善意、悪意は、その者の認識したところによって決すべきであって、その前者の善意、悪意を承継するものではないと解すべきであり、また、受益者又は転得者から転得した者が悪意であるときは、たとえその前者が悪意であっても同条に基づく債権者の追及を免れることができないというべきである。」として、転得者が悪意の場合には、転得者への詐害行為取消権の行使を肯定し

ていました。改正民法においては、この判例の見解は改められ、転得者に対して詐害行為取消請求ができる範囲が狭まりました。

(3) 改正民法の場合

改正民法では、転得者に対する詐害行為取消請求について新たに要件が整理され、以下の要件を充足する場合に限り、詐害行為取消請求権を行使することができます（改正民法424条の5）。

> ① 受益者に対して詐害行為取消請求をすることができる場合であること。
> ② 転得者が受益者から転得した者である場合その転得者が、転得の当時、債務者がした行為が債権者を害することを知っていたとき。
> ③ 転得者が他の転得者から転得した者である場合その転得者及びその前に転得した全ての転得者が、それぞれの転得の当時、債務者がした行為が債権者を害することを知っていたとき。

(4) 本事例について

本事例では、確かにD（転得者）は、本件自動車の転売時にBに資力がない状態であり、債権者を害することを知っていたとの事情が存在します。

しかし、前述のとおり、本事例のもとでは、A社は、Cに対して、詐害行為取消請求をすることができません。

したがって、上記①の要件をみたさないため、A社は、Dに対しても同様に、詐害行為取消請求ができないとの結論になると考えられます。

【旧民法の場合と適用関係】

　旧民法の場合については、「1 (2)」と「2 (2)」のとおりです。なお、詐害行為の時期が改正民法の施行日である2020年4月1日より前の場合には旧民法が、詐害行為の時期が施行日以降の場合には改正民法が適用されます。

4 債権譲渡・相殺

譲渡禁止された債権の譲渡とその効力

事例53≫ 当社（X社）は、A社がY社に対して有する300万円の売掛債権を、A社から譲り受けました。A社は、Y社に対して、当社に債権を譲渡した旨、内容証明郵便で通知し、Y社に到達しています。

　しかし、この売掛債権については、A社とY社の契約書上、債権の譲渡を禁止する定め（以下、「債権譲渡制限特約」といいます）が存在しています。

Q 先日、売掛債権の支払期日となったのですが、この場合、X社はY社に対して、300万円を請求することができるでしょうか？

A 改正民法の下では、

①X社が特約の存在を知らなかった（善意）かつ知らなかったことに重大な過失がないケースでは、Y社に対して、300万円を請求することができます。

②X社が特約の存在を知っていた（悪意）または知らなかったことに重大な過失があるケースでは、Y社から支払を拒絶をされれば、請求することができません。

　ⅰ．ただし、X社がY社に対して、相当の期間を定めてAに対する債務の履行を催告し、その期間内にAに支払がされない時は、300万円を請求することができます。

ⅱ．仮にY社が「ⅰ」の期間内にAに300万円を支払った時は、X社はA社に対して、300万円を請求すること可能です。

③「①または②」いずれの場合でも、Y社が300万円を供託すれば、X社は供託金から300万円を回収することができます。

④ ②の場合でも、Y社が譲渡制限特約違反の債権譲渡を承諾すれば、X社は、Y社に対して、300万円の請求ができます。

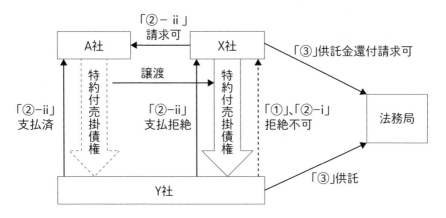

解説

1. 譲渡制限特約の効力

（1）旧民法の規律

　旧民法においては、債権譲渡を禁止する特約に違反する債権譲渡の効力は、物権的に無効であり、債権の譲受人（X社）が、「善意の第三者」（旧民法466条2項）にあたる場合には、例外的に有効となるという物権的効力説が有力でした。なお、この「善意」とは、特約の存在を知らなかったことをいいます。また、判例^(注)により、特約の存在を知らなかったことに重大な過失がある者も「善意」とはいえないとされていました。

　したがって、X社が特約の存在を知っていた場合や知らなかったことに重大な過失があるケースでは、Y社に対して、300万円の請求をすること

はできず、X社が特約の存在に善意かつ知らなかったことに重大な過失がないケースでは、Y社に対して、300万円を請求することができることになります。

(注)　最判昭和48年7月19日民集27巻7号823頁

(2) 改正民法の規律

　改正民法では、債権譲渡制限特約に違反する債権譲渡の効力は、物権的にも有効に譲受人（X社）に移転するものと整理（改正民法466条2項）されました。

　そして、債務者は、債権譲渡制限特約を知っていたまたは知らなかったことに重大な過失があった（悪意または重過失）譲受人に対して、債務の履行を拒むことと譲渡人に対する債務の消滅事由を主張することができるものとされました（改正民法466条3項（債権的効力説））。

　ただし、債務の履行を怠っている債務者を保護する必要性は乏しいことから、債務者が債務の履行を怠っている場合に、債権の譲受人（X社）が債務者（Y社）に対して、相当の期間を定めて譲渡人（A）に対する債務の履行を催告し、その期間内に履行がされない時は、債務者（Y社）は特約に対する悪意または重過失を理由に、譲受人（X社）からの請求を拒むことはできないものとして整理されました（改正民法同条4項）。

　本事例では、X社は、債権譲渡制限特約の存在を知らなかった（善意）または知らなかったことに重大な過失がないケースであれば、Y社に対して、300万円の請求することが可能です。また、仮に債権譲渡制限特約の存在を知っていた（悪意）または知らなかったことに重大な過失があった（重過失）ケースであっても、Y社に対して相当な期間を定めてAに対して債務の履行をするように催告し、その期間内にYが履行をしない場合には、Yに対して、300万円の請求をすることが可能です。

2. 債務者（Y社）の供託

　前述の旧民法と改正民法の規律を、債務者Yの立場から考えると、債権の譲受人であるX社が債権譲渡制限特約を知っていたかなどの主観的な事情で、請求を拒むことができるか否かが変わってきます。

　旧民法では、譲渡禁止特約違反の債権譲渡は、原則として物権的に無効であることから、債権者不確知による供託が可能でしたが、改正民法により物権的に有効なものとされたため債権者自体は譲受人（X社）で確定するため、この方法による供託ができないこととなります。

　そうすると、債務者Y社には、債権者を誤って弁済してしまうリスクを回避する方法がなくなってしまうため、改正民法では、譲渡制限付債権が譲渡されたことを新たな供託事由として、供託をすることを認めました（改正民法466条の2第1項）。

　そして、改正民法の規律により供託された金額は、債権の譲渡人（A）ではなく、債権者である譲受人（X社）が還付請求をすることができます（改正民法466条の2第3項）。

　つまり、X社は、Y社が供託をしていれば、供託金から300万円を回収することが可能です。

3. 債務者（Y社）の承諾がある場合

　本事例のケースでは、前述「2」と「3」により、規律されることとなりますが、仮にY社が譲渡制限特約違反の譲渡を承諾したという場合には、X社が譲渡制限特約を知っていた等の主観的事情にかかわらず、旧民法及び改正民法いずれの適用があったとしても、X社は、Y社に対して、300万円の請求ができると考えられます。

　譲渡禁止特約は、あくまでも債務者の保護にありますので、旧民法下においても、判例(注)上、債権譲渡後、債務者が承諾をした場合には、当該債権譲渡は有効となるとされていました。また、改正民法では、特約違反

の譲渡自体がそもそも有効であることからすると、債務者が承諾をした場合に、請求を認めないとする根拠はないように考えられるからです。

(注)　最判昭和52年３月17日民集31巻２号308頁

【旧民法の場合と適用関係】

　旧民法の場合は、「1 -(1)」、「2」のとおりです。

　改正民法と旧民法の適用関係については、「施行日前に債権の譲渡の原因である法律行為がされた場合」については、旧民法が従来通り、適用されるとされています（改正民法附則22条）。つまり、売掛債権が発生した時や譲渡制限特約の締結時ではなく、債権譲渡契約などが、改正民法の施行日である2020年４月１日以降であれば、改正民法の規律によることとなります。

譲渡禁止された債権が二社に譲渡された場合の優先関係

事例54≫

当社（X社）は、A社がB社に対して有する売掛債権を、A社から譲り受けました。この売掛債権には、譲渡を禁止する特約が定められていたのですが、A社の資金繰りの問題から、当社としては、それを知った上で、2020年5月30日に債権譲渡契約をしました。

A社は、B社に対して2020年6月1日付けで、内容証明郵便で当社への債権譲渡を通知し、翌日にB社に到達しています。

その後、実は、この売掛債権については、A社がY社に対しても、2020年6月4日に債権譲渡契約をしており、A社は、B社に対して2020年6月10日付けで、内容証明郵便でY社への債権譲渡を通知し、翌日にB社に到達していることが判明しました。A社は資金繰りの問題からこのようなことをしたのかと思います。

なお、Y社が譲渡禁止特約の存在を知っていたか否か等は定かではありません。

Q X社は、Y社よりも優先して、債権の回収ができるでしょうか？

A 改正民法の規律から、X社は、Y社に優先します。債権の回収は、事例53（244ページ）の規律によることとなりますので、そちらをご参照ください。

解説

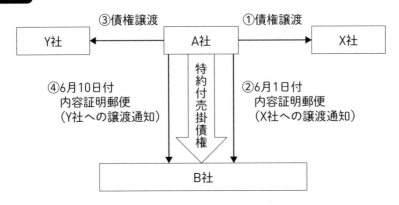

1. 債権の二重譲渡の優先関係

　1つの債権が複数の者に譲渡されたケースでは、確定日付のある証書により、譲渡人から債務者に対する通知が債務者に到達した時、または債務者が承諾した時（第三者対抗要件）の先後関係により、優劣が決されます。本事例では、確定日付ある証書である内容証明郵便により、X社への債権譲渡通知が2020年6月2日に、Y社への債権譲渡通知が同年6月11日に、債務者B社に到達していますので、両者への債権譲渡が有効であり、優先関係の問題となるであれば、X社がY社に優先することとなります。

　しかし、本事例では、そもそも売掛債権については、譲渡禁止特約が存在しています。そもそも、X社への譲渡制限特約に反する債権譲渡が無効なものであれば、このような優先関係の問題とはなりません。

2. 譲渡禁止特約に反する債権譲渡と二重譲渡

(1) 旧民法の規律

　事例53（244ページ）でも解説があるとおり、旧民法においては、譲渡制限特約に反する債権譲渡は、譲受人が特約の存在を知っていたまたは知らなかったことに重大な過失があった場合を除き、無効となるとされ

ていました（物権的効力説）。本事例では、X社は、特約の存在を知った上で、債権譲渡を受けていることから、A社からX社に対する債権譲渡は無効となるとされます。

したがって、X社は、そもそもY社とは優劣を争う関係になく、B社から債権を回収することができませんでした。

一方、Y社は、特約の存在を知らなかったまたは知らなかったことに重大な過失がない場合であれば、債権譲渡が有効であることを前提にB社に対して、債権回収が可能ということとなっていました。

(2) 改正民法の規律

改正民法においては、事例53（244ページ）のとおり、債権譲渡制限特約に違反する債権譲渡の効力は、物権的にも有効に譲受人（X社）に移転するものと整理（改正民法466条2項）されました。

つまり、X社の主観的な事情（悪意か重大な過失があるか等）に関わらず、債権譲渡は有効となります。一方で、Y社に対する債権譲渡も同様です。

したがって、両者が有効な債権譲渡であることを前提に、X社とY社の優先関係は、前述「1」の二重譲渡の事例では、X社がY社に優先することとなります。

ただし、譲渡制限特約が付されていることから、債務者であるB社との関係で、債権を回収することができるか否かは事例53（244ページ）の規律によることとなりますので、ご参照下さい。

【旧民法の場合と適用関係】

　旧民法の規律は、前述「2 -(1)」のとおりです。

　旧民法と改正民法の適用関係については、「施行日前に債権の譲渡の原因
である法律行為」がされた場合については、旧民法が従来通り、適用され
るとされています（改正民法附則22条）。本事例では、各債権譲渡契約が施
行日である2020年 4 月 1 日以降にされているため、改正民法が適用となり
ます。

債権譲渡制限特約に関するその他の改正事項

　債権譲渡制限特約について、実務上特に重要となる部分について、本書では事例53、54で解説しました。本文では解説しきれなかった改正民法に関する事項もあることから、ここで簡単に解説します。

1. 債権の譲渡人の破産手続開始と譲受人の供託請求権（改正民法466条の３）

　改正民法では、債権譲渡制限特約を知っていたまたは知らなかったことに重大な過失があった（悪意または重過失）譲受人は、債務者に対して譲渡人に履行するように催告することができます（事例53（244ページ参照））。仮に、この催告により債務者が譲渡人へ債務を履行した場合には、譲受人は譲渡人に対して、受領した金銭を請求することになるでしょう。

　しかし、譲渡人の破産手続開始後は、債務者が破産管財人に対して、債務を履行すると、譲受人の譲渡人への金銭の請求権は、全額回収できなくなるおそれがあり、債権譲渡による資金調達の促進には不十分であると指摘されていました。

　そこで、改正民法は、譲受人が破産手続以外のルートで全額の回収を受けることを可能にする規律を設けました。具体的には、金銭債権の全額を譲り受けた譲受人で、その譲渡について第三者に対抗できる者（第三者対抗要件については、事例53（244ページ））は、悪意または重過失がある場合であっても、債務者に供託をさせることができ、その供託された金銭について、譲受人は還付請求することで、債権回収を可能としました。

2. 債権譲渡制限特約がある債権の差押え（改正民法466条の4）

(1) 譲渡人の債権者による差押え（同法同条1項）

旧民法においても、私人間の合意により差押禁止財産を自由に設定することは認められるべきではないという考え方から、債権譲渡禁止特約がされている債権であっても、債権の差押債権者に対して、債務者は特約を対抗することはできないと解されていました[注]。改正民法では、その旨が明文化されました。

[注] 最判昭和45年4月10日（民集24巻4号240頁）

(2) 悪意または重過失の譲受人等の債権者による差押え（同法同条2項）

一方で、旧民法では譲渡禁止特約に反する悪意または重過失ある譲受人への譲渡は、物権的に無効と解されていた（事例53（244ページ））ことから、そのような譲受人の債権者が債権を差押えたとしても無効となると考えられていました。

改正民法では、特約違反の債権譲渡は物権的に有効なものとされた（事例53（244ページ））こととの関係で、このような譲受人の債権者が債権を差押えたとしても、債務者は債務の履行を拒むことができ、譲渡人に対する弁済その他債務を消滅させる事由をもって、差押債権者に対抗することができると明文により認めています。

3. 預貯金債権についての債権譲渡制限特約の効力（改正民法466条の5）

改正民法により特約に反する債権譲渡は、物権的にも有効なものとされました（改正民法466条2項）。しかし、預貯金債権については、迅速な払戻しが必要であり、債務者である金融機関が大量の債務を管理しなければならないという特殊性から、債務者は、悪意または重過失である譲受人に対し、譲渡制限特約をそのまま対抗できるとして、旧民法の規律を維持す

ることとされました。

4. 将来債権譲渡と譲渡制限特約（改正民法466条の6第3項）

　事例42（190ページ）でも解説したとおり、改正民法では、将来債権譲渡が認められることが明文化されました（同法同条1項、2項）。そして、将来債権譲渡について、対抗要件具備時までに譲渡制限特約が付された場合には、譲受人等はそのことを知っていた（悪意）とみなすこととされました。つまり、このようなケースでは、債務者は、譲受人に対して、履行を拒絶し、譲渡人に対する債務を消滅させる事由を主張することができます（事例53（244ページ）参照）。

債権譲渡に債務者が異議なく承諾した場合の取扱い

事例55≫　当社（X社）は、A社がY社に対して有する貸金債権を、A社から譲り受けました。A社は、Y社に対して、X社に貸金債権を譲渡したことを通知したところ、Y社からX社に対して、債権譲渡を承知したとの通知がありました。

　しばらくして、X社がY社に対して貸金債権の支払を請求したところ、Y社から債権譲渡の前にY社はA社に対して、貸金を返済しており、債権譲渡を承知したのは誤りであったとして、支払を拒絶されてしまいました。

Q X社は、Y社から支払を受けることはできるのでしょうか？

A 改正民法の規律から、Y社からA社に対する返済の事実が認められれば、X社はY社から支払を受けることはできません。

解説

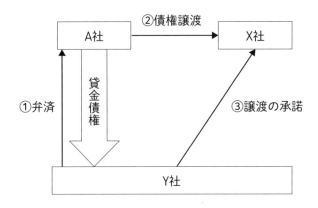

1. 債務者の異議をとどめない承諾の効力

まず、Y社が債権譲渡の前にA社に対して、返済をしていれば返済をした時点で、貸金債権は消滅していますので、旧民法・改正民法いずれを前提としても、X社はY社に返済を請求することはできないことが原則です（旧民法468条2項、改正民法468条1項）。

ただし、本事例では、債権譲渡後に、Y社からX社に対して、債権譲渡に関して、異議なく承知した旨の通知が届いています。このようなケースでも、X社はY社から支払を受けることはできないのかという問題があります。

2. 旧民法の規律

旧民法では、債務者が、債権譲渡について何ら異議なき承諾をした場合には、譲渡人対して、主張することができた事由を譲受人には、主張できなくなるという規律が存在していました（旧民法468条1項）。ただし、判例(注)は、当該事由について悪意（当該事由を知っていたこと）である譲受人は保護するに値しないとして、異議なき承諾の効果を制限的に解釈していました。

本事例についてみると、Y社が主張する既に返済済みであるという主張は、債務者であるY社が、譲渡人A社に対して主張することができた事由となります。そして、Y社は異議なき承諾をしているため、譲受人であるX社が返済の事実を知らなかった場合には、X社はY社に支払を請求できたというわけです。

（注）　最判昭和42年10月27日民集21巻8号2161頁

3. 改正民法の規律

前述の旧民法の規律については、単に債権が譲渡されたことを認識したことを債務者が通知しただけでこのような効果を認められることは、債務

者にとって予期しない効果が生ずるとして、債務者の保護の観点から妥当ではないという批判が強くありました。

そこで、改正民法においては、この異議なき承諾の規律を廃止することなりました。

したがって、本事例では、Y社からA社に対する返済の事実が認められれば、X社はY社から支払を受けることはできません。

【旧民法の場合と適用関係】

旧民法の規律は、前述「2」のとおりです。

改正民法と旧民法の適用関係については、「施行日前に債権の譲渡の原因である法律行為がされた場合」については、旧民法が従来通り、適用されるとされています（改正民法附則22条）。つまり、債権譲渡契約が、改正民法の施行日である2020年4月1日以降であれば、改正民法の規律によることとなります。

債務者は、債権の譲受人に対して、自己の譲渡人に対する債権による相殺を主張できるのか？

当社（X社）は、2020年5月1日、A社にシステム開発を代金1,000万円で委託しました。この代金は、A社からシステムの納品後の2ヶ月後に支払う約定になっていました。

A社は資金繰りに問題があるとのことで、同年9月1日に、A社から、当社に対するこの代金債権1,000万円を同日にY社に譲渡した旨の通知がありました。A社からはシステムの納品自体は問題ないと伝えられていたので、当社としても、通知を受領した際に何かアクションを取ることはしませんでした。その後、同年10月1日にA社からシステムが納品されました。

しかし、同年10月16日にA社が当社に納品したシステムには明らかな欠陥があり、本番環境での利用ができないことが判明しました。A社に改修するよう求めたいと思いましたが、この時点で、A社に連絡しても、一切繋がらない状態となっていました。当社としては、このシステムを利用したサービスのリリース時期も迫っていたため、別の会社に改修を依頼し、400万円の費用が追加でかかりました。

その後、A社から債権を譲り受けたY社が、開発代金1,000万円を当社に請求してきました。

Q X社としては、Y社に対して、追加費用400万円を減額した600万円だけ支払うこととしたいのですが、このような主張をY社に対してすることができるのでしょうか？

X社は、A社に対する追加費用相当額の400万円の損害賠償請求権を自働債権、Y社のX社に対する開発代金債権1,000万円を受働債権として、対当額で相殺し、差額の600万円をY社に支払うことで、開発代金の支払債務を履行したこととなります。

解説

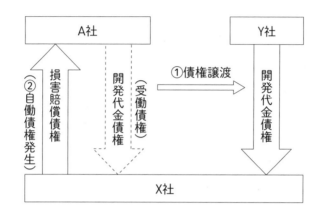

1. 相殺の効力と問題点

　相殺とは、お互いに債権を有することを前提に、一方当事者の意思表示により、相互の債権を対当額で消滅させることをいいます。相殺の意思表示をする者が有する債権を「自働債権」、相殺の意思表示の相手方が有する債権を「受働債権」といいます。

　本事例においては、A社が納品したシステムには明らかな欠陥があったということで、X社は、欠陥を修繕するために必要となった追加費用400万円をA社に対して損害賠償請求をすることとなるでしょうから、この損害賠償債権が自働債権となります。

　一方、A社が、X社に対して1,000万円の開発代金債権を有していれば、お互いに債権を有する状態になりますので、相殺が可能であると考えられ

ます。

　しかし、本事例では、受働債権となるA社のX社に対する開発代金債権
は、Y社に譲渡されていますので、X社はY社に対して、相殺の主張が可
能なのかが問題となります。

2. 債権譲渡と相殺についての旧民法の規律

(1) 債権譲渡通知受領（対抗要件具備）後に債務者が自働債権を取得した場合

　旧民法では、債務者が債権譲渡の通知を受けるまでに、譲渡人に対して
生じた事由をもって、債権の譲受人に対抗することができるとされていま
した（旧民法468条2項）。

　裏を返せば、少なくとも債務者が債権譲渡通知後に自働債権が取得した
ケースでは、相殺を主張することはできないということとなります。

(2) 債権譲渡通知受領（対抗要件具備）前に債務者が自働債権を取得した場合

　一方、債権譲渡通知受領前に債務者が自働債権を取得していた場合にお
ける債権譲渡と相殺の関係については、前述の「通知を受けるまでに譲渡
人に対して生じた事由」（旧民法468条2項）の要件が具体的に明らかでな
いことから、通知を受領した時点で、自働債権の弁済期が受働債権の弁済
期より先に到来する場合に限られるという見解など（制限説）が存在しま
した。

　この点について、判例[注]は、自働債権と受働債権の弁済期の先後を問
わず相殺適状になった場合には対抗することができるという、いわゆる無
制限説を採用したものと評価されてきましたが、学説上の反対や特殊事例
に対する解釈に過ぎないともいわれていました。

（注）　最判昭和50年12月8日民集29巻11号1864頁

(3) 旧民法における本事例

本事例では、X社は、2020年9月1日に債権譲渡通知を受領している一方、X社のA社に対する損害賠償請求権は、欠陥のあるシステムの納品を受けた同年10月1日に発生していると考えられるため、(1)の場合にあたり、相殺の主張はできないということになります。

3. 債権譲渡と相殺についての改正民法の規律

改正民法では、債権譲渡と相殺の関係について明文で規律が設けられました（改正民法469条）。

(1) 債権譲渡通知受領（対抗要件具備）後に債務者が自働債権を取得した場合

旧民法では、債権譲渡通知受領後に、債務者が自働債権を取得した場合には、債務者は相殺を譲受人に主張できないと定められていましたが、改正民法では、自働債権が以下の債権の場合には、債権譲渡通知受領後であっても、債務者は譲受人に対して、相殺を主張できることとされました（改正民法469条2項）。

> ① 対抗要件具備より前の原因に基づいて生じた債権（同条同項1号）
> ② 譲受人の取得した債権の発生原因である契約に基づいて生じた債権（同条同項2号）

①の「前の原因」の意義や②の「発生原因である契約に基づいて生じた債権」がどの範囲の債権を含むのかについては、必ずしも明確ではなく、今後の解釈に委ねられる部分もありますが、旧民法よりも、債務者が譲受人に相殺の主張ができる範囲が広く拡張されました。

ただし、①または②に該当する債権であっても、債務者が対抗要件具備

時より後に他人から取得した債権は、相殺を譲受人に対抗できません（改正民法469条2項但書）。

(2) 債権譲渡通知受領（対抗要件具備）前に債務者が自働債権を取得した場合

改正民法では、旧民法において争いのあった解釈について、「債務者は対抗要件具備時より前に取得した譲渡人に対する債権による相殺をもって譲受人に対抗することができる」（改正民法469条1項）と規定することにより、無制限説を採用することを明記しました。

つまり、弁済期の先後を問わず相殺することが可能であるということです。

(3) 改正民法における本事例

本事例において、X社は、2020年9月1日に債権譲渡通知を受領している一方、X社のA社に対する損害賠償請求権は、欠陥のあるシステムの納品を受けた同年10月1日に発生し、債権譲渡通知受領後に債務者であるX社は、自働債権を取得しています。

そして、解釈に委ねられる部分は残りますが、債権譲渡された受働債権となるシステム開発代金債権は、X社とA社との開発委託契約に基づいて生じる債権である一方、自働債権となるX社のA社に対する損害賠償請求権も、同開発委託契約のシステムの欠陥により生じるものであることから、自働債権が②「譲受人の取得した債権の発生原因である契約に基づいて生じた債権」と評価できると考えられます。

したがって、X社は、A社に対する追加費用相当額の400万円の損害賠償請求権を自働債権、Y社のX社に対する開発代金債権1,000万円を受働債権として、対当額で相殺し、差額の600万円をY社に支払うことで、開発代金の支払債務を履行したこととなります。

【旧民法の場合と適用関係】

　旧民法の場合の規律は、前述「2」のとおりです。

　改正民法と旧民法の適用関係については、「施行日前に債権の譲渡の原因である法律行為がされた場合」については、旧民法が従来通り、適用されるとされています（改正民法附則22条）。本事例では、債権譲渡が、施行日である2020年4月1日以降にされていますので、改正民法が適用されます。

相殺に関する「債権譲渡」と「債権の差押え」における改正点の異同

　事例56（259ページ）「債権譲渡と相殺」でも解説したとおり、債権譲渡の対抗要件具備前に自働債権を取得した場合、債権譲渡の対抗要件具備後に自働債権を取得した場合について、改正民法により、内容の変更や明文化がされています。

　類似の問題として、債権者の債権者が債権を差押えた場合（事例56のY社が、A社のX社に対するシステム開発代金債権を差押えたとイメージして下さい）における相殺と差押えの優先関係があります。

(1) 差押え後に債務者が自働債権を取得した場合

　改正民法では、差押え後に債務者が自働債権を取得した場合については、原則として当該自働債権による相殺を差押をした債権者に対抗できない（改正民法511条1項）が、当該自働債権が「差押え前の原因に基づいて生じたものであるとき」は、相殺が認められることとしました（改正民法511条2項）。

　この「前の原因」というのは、相殺の改正点である「①対抗要件具備より前の原因に基づいて生じた債権」（事例56（259ページ）参照）と同種の改正とされています。

　一方で、相殺と債権譲渡の関係では「②譲受人の取得した債権の発生原因である契約に基づいて生じた債権」が自働債権であれば、債務者は譲受人に相殺を対抗できるとされました（改正民法469条2項2号）が、差押えと相殺の関係についてはこの規定はありません。

(2) 差押え前に債務者が自働債権を取得した場合

　相殺と債権譲渡の関係と同様（事例56（259ページ）参照）に、自働債権と受働債権の弁済期の前後を問わず差押え前に取得した自働債権による相殺をもって、債務者が差押債権者に対抗できるとする無制限説が明文化されました。

5 契約上の地位の移転・債務引受

買主の地位（契約上の地位）の譲渡と民法改正

事例57≫　当社（X社）は、自動車の部品を製造・販売している会社です。この度、A社との間で自動車の部品100個を200万円で売却する契約を締結しました。取引の順序としては、納品をまず行い、その1か月後に売買代金を支払ってもらうというものです。

　ところが、部品の引渡期日がくる前に、A社から、当社とA社の売買契約につき、買主であるA社の地位の一切をY社に譲渡したという通知が来ました。

　当社とY社は、以前に取引上のトラブルがあり、それ以来、当社としては、Y社に自社の自動車部品を販売しないという方針でいました。当社としては、Y社に直接自動車部品を販売したくはありません。Y社としては、当社との関係を良好な状態に戻したいのか、当社に対して売買代金を支払うといってきています。

　なお、売買契約書は簡素なもので、解除の事由として、契約当事者が変更した場合等は記載していません。

Q X社は、Y社に対し、自動車の部品を引き渡さなければならないのでしょうか？

A X社は、Y社に対し、自動車の部品を引き渡す必要はありません。

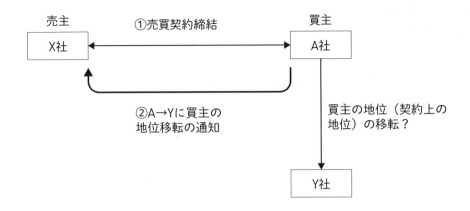

解説　本事例では、A社からの一方的な通知により、売買契約の当事者がA社からY社に変わってしまうのか、という点が問題になります。

　改正民法では、「契約の当事者の一方が第三者との間で契約上の地位を譲渡する旨の合意をした場合において、その契約の相手方がその譲渡を承諾したときは、契約上の地位は、その第三者に移転する。」という規定が新設されました（改正民法539条の２）。

　これを本問の事例に置き換えると、「契約の当事者の一方」がA社、「第三者」がY社、「その契約の相手方」がX社となります。

　つまり、「A社がY社との間で売買契約の地位を譲渡する合意をした場合において、X社がその譲渡を承諾したときは、契約上の地位は、Y社に移転する。」ということになります。

　そうすると、Y社がA社から契約上の地位の移転を受けるためには、X社の承諾が必要ということになり、逆に、X社が譲渡に承諾しなかった場合には、契約上の地位は移転しないということになります。

　なお、売買契約は、物を渡し、その代金を支払うという２つの行為を必要としており、今回の場合、契約上の地位は移転していないものの、Y社が代金の支払義務をA社とともに負う（併存的債務引受といいます）という

考え方もあり得ます。もっとも、改正民法は、併存的債務引受についても債権者（本問でいうX社）の承諾がなければ効力を生じないとしているため、この考え方も成立しません。

　以上から、X社は、A社からY社への契約上の地位の移転に対して承諾をしなければ、Y社とは直接関係をもつことなく、A社に対して自動車の部品を納品し、A社から売買代金を受け取ればよいということになります。

【旧民法の場合と適用関係】

　旧民法は、契約上の地位の移転に関する条文がなく、裁判例によって解釈論があるに過ぎませんでした。そして、裁判例では、譲渡人と譲受人、契約の相手方を含めた三者間契約による譲渡は有効とされており、また、契約上の地位の移転は相手方の承諾を要件とするという裁判例もありました。もっとも、このような考え方とは別に、相手方の承諾が得られなくとも、債権譲渡や併存的債務引受としては通知のみで有効になるという見解もありました。改正民法は、上記裁判例の考え方を明文化することにより、契約上の地位の移転における相手方の承諾の要否を明確化しました。

　改正民法の規律は、施行日前に締結された契約上の地位を譲渡する旨の合意には適用しないと規定されていますので（改正民法附則31条）、契約上の地位の移転の合意が2020年4月1日より前かそれ以降かで旧法の適用か新法の適用かが変わります。

他社の債務を引受けたが他社も引き続き債務を負い続ける場合（併存的債務引受）の注意点

事例58≫
　当社は、家具の販売業を営むX社です。当社は、商品の企画・デザインを行ってメーカーに製造を委託し、仕入れた上で販売していましたが、商品の品質を向上させるため、これまで取引していたメーカー以外のメーカーとの提携を進めることになりました。提携先について数社検討した結果、Y社と提携し、当社の商品の製造を継続的に委託したいと考えているのですが、Y社から、提携の条件として、「Y社の原材料の仕入先A社に対する仕入代金債務について並存的債務引受をしてほしい」との申し入れがありました。

Q　Y社のA社に対する仕代金債務を並存的債務引受する場合に、注意した方がよいことはありますか。

A　並存的債務引受の効力が発生するためには、債権者であるA社の承諾が必要です。また、並存的債務引受をすると、仕入代金債務をY社と連帯して支払う必要があるので注意が必要です。さらに、A社からの請求でX社が全額を支払った場合、Y社にいくらの負担を求めることができるかを、あらかじめ契約で定めておいた方がよいでしょう。

解説

1. 債務引受

　債務引受とは、債務者の債務と同じ内容の債務を、第三者が、契約によって負担することです。この場合の第三者は「引受人」といわれます。債務引受には、債務者も債務を引き続き負い続ける並存的債務引受と、債

務者が債務を免れることになる免責的債務引受の2種類があります。本事例では、Y社のA社に対する仕入代金債務をX社が並存的債務引受することが、提携の条件として提示されています。

2. 並存的債務引受の効力発生要件

並存的債務引受は、契約によって行われるものなのですが、①債権者と引受人となる者、②債務者と引受人の二当事者で契約する場合だけでなく、③債権者、債務者、引受人となる者の三当事者で契約するパターンもあります。本事例では、②債務者と引受人となる者の二当事者で契約するパターンが問題となっています。ここで注意が必要なのが、債務者と引受人となる者の契約でする並存的債務引受の効力が発生するためには、債権者（本事例のA社）の承諾が必要とされている点です（改正民法470条3項）。

3. 並存的債務引受の効力

では、並存的債務引受をした場合、誰がどのように債務を負担することになるのでしょうか。

並存的債務引受をした場合、もともとの債務者であるY社と引受人であるX社の双方が、債務を負担することになります。しかも、その両者の債務は「連帯債務」になるとされています（改正民法470条1項）。「連帯債務」とは、複数の債務者が、それぞれ同じ内容の債務を負っていて、そのうちの一人が債務を履行すれば全員が債務を免れるという関係にある債務です。Y社のA社に対する仕入代金債務が並存的債務引受され、A社がX社とY社のいずれか一方に全額の請求をした場合、請求された当事者は全額を支払わなければならないことになります。

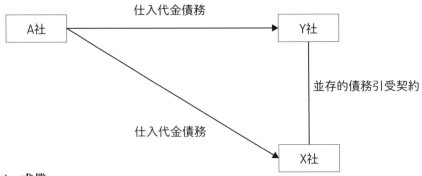

4. 求償

　ここで、X社がA社に全額を支払った場合、X社はY社に対して、負担を求めることはできないのでしょうか。引受人がもとの債務者に負担を求めることを、「求償」といいますが、求償については、契約で定めていない限り、連帯債務のルールに従うとされています。連帯債務のルールに従うと、もとの債務者と引受人の負担は同額になります。例えば、A社に対する仕入代金債務が100万円の場合、XとYは、それぞれ50万円ずつ負担することになります。したがって、X社としては、同額の負担ではリスクが大きいと判断する場合、負担額についてY社との契約できちんと定めておく必要があります。

【旧民法の場合と適用関係】

　旧民法では、並存的債務引受に関する条文は定められていませんでしたが、旧民法の下でも解釈によって並存的債務引受は認められていました。改正民法は、旧民法下での解釈を明文化したものであるといえるでしょう。なお、債務引受については、施行日（2020年4月1日）前に締結された債務の引受けに関する契約については、旧民法が適用され、施行日以後に締結された債務の引受けに関する契約については改正民法が適用されます（改正民法附則23条）。

第三者に免責的債務引受をしてもらう場合の注意点

事例59≫ 私は、生地の卸売業を個人で営むXです。私は、服の製造業を個人で営むAに生地を長年卸してきました。2020年4月10日、Aから、「資金繰りが悪化しているので300万円貸してくれないか」と頼まれました。長年取引がありAの窮状を見て見ぬふりはできなかったこと、私としてもAが倒産してしまうと売り上げが下がってしまうことから、2022年4月9日を返済期限として、Aに300万円を貸しました。その後、Aの息子であるYが、Aから事業を承継することになりました。Yと話をしたところ、「父AのXに対する300万円の貸金債務については、自分が免責的債務引受をする」とのことでしたが、Yの話によると、Aは、貸金債務については自分で返すつもりのようです。

Q Yとの間で免責的債務引受の契約をするにあたって、注意した方がよいことはありますか?

A Yとの間で免責的債務引受契約をしたことをAに通知する必要がある点に注意が必要です。また、Yの返済能力についても確認しておいた方がよいでしょう。

解説

1. 債務引受

　債務引受とは、債務者の債務と同じ内容の債務を、第三者が、契約によって負担することです。この場合の第三者は「引受人」といわれます。債務引受には、債務者も債務を引き続き負い続ける並存的債務引受と、債務者が債務を免れることになる免責的債務引受の2種類があります。本事

例では、Aの貸金債務を免責的債務引受するとの申し出が息子のYからされています。

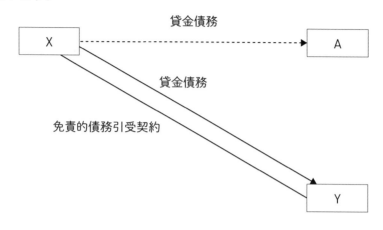

2. 免責的債務引受の要件

　免責的債務引受は、契約によって行われるものなのですが、①債権者と引受人となる者、②債務者と引受人の二当事者で契約する場合だけでなく、③債権者、債務者、引受人となる者の三当事者で契約するパターンもあります。本事例では、①債権者と引受人となる者の二当事者で契約するパターンが問題となっています。ここで注意が必要なのが、債権者と引受人となる者の契約でする免責的債務引受の効力が発生するためには、債務者（本事例のA）に対する通知が必要とされている点です（改正民法472条2項）。通知を行えば、債務者の意思に反していても免責的債務引受は有効です。

3. 免責的債務引受の効果

　また、免責的債務引受がされると、債務者（本事例のA）に対しては貸した300万円の返還を求めることができなくなり、Yに対してしか返還を求めることができなくなります。Yが300万円を返済できる十分な資力が

なければ、貸した300万円を回収することができなくなるため、Yの返済能力を確認しておいた方がよいでしょう。

【旧民法の場合と適用関係】

　旧民法の下での判例[注]では、債務者の意思に反する免責的債務引受は認められないと一般に解釈されていました。本事例では、Aは300万円の貸金を自分で返すつもりであり、免責的債務引受はAの意思に反するといえますので、旧民法の下では、XとYとの間でする免責的債務引受は無効となるでしょう。一方、改正民法では、債務者の意思に反する免責的債務引受も有効であることを前提に、債務者への通知を免責的債務引受の要件として明文化しました（改正民法472条2項）。改正民法は、旧民法の下でのルールを変更したものであるといえるでしょう。

　なお、債務引受については、施行日（2020年4月1日）前に締結された債務の引受けに関する契約については、旧民法が適用され、施行日以後に締結された債務の引受けに関する契約については改正民法が適用されます（改正民法附則23条）。

（注）　大審院大正10年5月9日民録27輯899頁

債権譲渡・債務引受け・契約上の地位の移転・更改の違い

債権譲渡は、債権の同一性を保ちながら、合意によって債権を移転させることをいいます（改正民法466条）。

他方、債権ではなく、債務が、同一性を保ちながら、合意により移転することを債務引受けといいます。債務引受けには、新しい債務者（引受人）が前の債務者と一緒に債務者になる併存的債務引受け（改正民法470条）と、前の債務者が債権関係から離脱する免責的債務引受け（改正民法472条）があります。

債権譲渡と債務引受けが、債権や債務というもののみを移転させるものであるのに対し、契約上の地位の譲渡は、債権債務を含めた契約当事者の地位を合意により移転させるものとなります（改正民法539条の2）。

債権譲渡・債務引受け・契約上の地位の移転が、債権や債務の同一性を保ちながら移転するのに対し、更改は、契約の要素（給付の内容、債権者、債務者）を変更することにより、もとの債権債務を消滅させ、新たな債権債務を成立させる契約をいいます（改正民法513条）。

以上の四つの具体的違いを簡単な事例で説明します。

買主Aが売主Bから自動車甲を100万円で購入する契約を締結するとします。Aからみると、「Bに対して甲の引渡しを求める債権」及び「Bに対して100万円を支払う債務」を負っていることになります。

ここで、AがCに債権譲渡をすると、買主はAですが、「甲の引渡しを求める債権」がAからCに移転します。

Cが買主Aの債務について、免責的債務引受けをすると、買主はAですが、「Bに対して100万円を支払う債務」がAからCに移転します。

買主AがCに対して買主の地位を移転させると、買主がCとなり、「Bに対して甲の引渡しを求める債権」及び「Bに対して100万円を支払う債務」を含めた買主としての地位がAからCに移転します。

　CがAの債務についてBとの間で更改契約を締結すると、「AがBに対して100万円を支払う債務」が消滅し、新たに「CがBに対して100万円を支払う債務」が発生します。

6 弁済

債務者ではない第三者による債務の弁済

> **事例60≫** X社は、いわゆるBtoCの取引に特化し、主に一般の消費者向けに冷蔵庫や洗濯機等の自社開発の家電製品を販売している株式会社です。Y（22歳）は、2020年4月から父親Aの元を離れて新たに一人暮らしをするべく、2020年4月10日に、X社から、家電一式を代金50万円で購入し、一人暮らしの新居にて家電一式の引渡しを受けました。
>
> もっとも、Yは、その他の一人暮らしのための出費により、X社に対して、家電一式の売買代金50万円を支払うことができなくなってしまいました。
>
> Yは、Y自身で代金を支払うつもりであり、父親Aに支払ってもらう意思を有していませんでした。
>
> しかし、父親Aは、X社に対して、子Yは父親Aが代金を支払うことを拒んでいるが、X社に迷惑をかけるわけにはいかないので、子Yに代わって売買代金50万円を支払いたい旨を連絡してきました。

Q X社としては、①父親Aの買主Yに代わって行う支払を有効なものとして扱うことができるでしょうか？　また、②父親Aによる支払を拒むことができるでしょうか？

A ①X社としては、法的には父親Aが行う売買代金50万円の弁済は無効となります。

また、②X社としては、父親Aによる弁済の受領を拒むことも可能です。

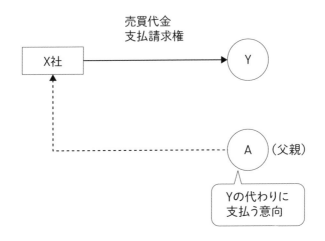

売買代金
支払請求権

X社 ──────→ Y

A （父親）

Yの代わりに
支払う意向

解説

1. 事例の整理

　本事例では、X社はYに対して家電一式を代金50万円で売却したため、債権者たるX社は、Yに対して売買代金支払請求権50万円を有し、反対に債務者たるYは、X社に対して、売買代金支払債務50万円を負っている状態です。

2. 第三者弁済とは

　まず、弁済とは、債務の内容である給付を実現させる債務者その他の者の行為をいい、債務者が弁済を行った場合には、債権者の有する債権は消滅します（改正民法473条）。そして、この弁済は、原則として、第三者でも行うことができます。（改正民法474条1項）

　このように、第三者が債務者に代わって弁済を行う場合を、第三者弁済といいます。

　旧民法では、以下の3つの場合には、第三者弁済は無効であるとされていました。

①債務の性質が第三者弁済を許さない場合

②当事者が反対の意思を表示した場合

③利害関係を有しない第三者による弁済が債務者の意思に反する場合

　もっとも、改正後の民法では、この第三者弁済に関する規定を補充し、以下の四つの場合には、無効になるとされています。

①債務の性質が第三者弁済を許さない場合

②当事者が第三者の弁済を禁止または制限する旨の意思を表示した場合（改正民法474条4項）

③弁済をするについて正当な利益を有する者でない第三者による弁済が、債務者の意思に反しており、かつ、債権者が債務者の意思に反することを知っていた場合（改正民法474条2項本文、ただし書）

④弁済をするについて正当な利益を有する者でない第三者による弁済が、債務者の意思に反しており、かつ、当該第三者が債務者の委託を受けて弁済する場合で、債権者がこのことを知っていた場合（改正民法474条3項本文、ただし書）

3. 本事例について

　本事例は、子Yは父親Aが代金を支払うことを拒んでいること、X社は、父親Aより、子Yが父親Aによる第三者弁済を拒んでいる旨を聞いていたことから、③に該当する可能性があります。

　「弁済をするについて正当な利益を有する者でない第三者」とは、旧民法の「利害関係を有しない第三者」の概念を引継いだものであり、物上保証人や担保不動産の第三取得者などは利害関係を有するとされますが、単

なる親戚・親子関係や債務者の関連会社は、利害関係を有しないとされています^(注)。

(注)　最判昭和39年４月21日・民集18巻４号566頁

　したがって、改正民法においても、本事例では、父親Aは、「弁済をするについて正当な利益を有する者でない第三者」にはあたらないとされ、父親Aの第三者弁済は無効となります。

　なお、本事例と異なり、X社が、父親Aより、子Yが父親Aによる第三者弁済を拒んでいる旨を聞いていなかった場合、上記③の「債権者が債務者の意思に反することを知っていた」の要件に該当しないことになりますので、父親Aの第三者弁済は有効となります。

【旧民法の場合と適用関係】

　旧民法の規律は解説の中で述べたとおりです。なお、改正民法の施行日である2020年４月１日より前に生じた債務の第三者弁済については旧民法が、施行日以後に生じた債務の第三者弁済については改正民法が適用されます（改正民法附則25条１項）。

預貯金口座への振込による弁済

事例61≫　当社は、中古の輸入車の販売業を営んでいるX社です。X社は、2021年10月1日、Y社に対して、中古の輸入車20台を販売することになり、その売買代金は総額で5,000万円でした。X社は既にこれらの中古の輸入車20台の引渡しを済ませており、売買代金の支払方法をA銀行A'支店のX社口座への振込、支払期限を2021年12月末日、遅延損害金の割合を年14.6%として契約していました。

　しかしながら、2021年12月末日にY社からの入金はなく、X社の口座に入金記録が反映されたのは、2022年1月10日になってからでした。

　Y社としては、2021年12月末日に入金手続を行ったとのことでしたが、Y社が振込手続をしたB銀行の年末休業およびシステムトラブルが原因でX社口座への入金記録の反映が10日になったようです。

Q X社としては、Y社に対して、以下の計算式に従った10日分の遅延損害金20万円の支払を請求できるでしょうか？

[計算式]

50,000,000×14.6%×10÷365＝200,000

A X社は、Y社に対して上述の遅延損害金の支払を請求できることになります。

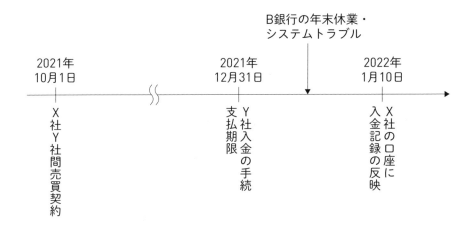

B銀行の年末休業・
システムトラブル

2021年　　　　　　　　2021年　　　　　　　2022年
10月1日　　　　　　　12月31日　　　　　　1月10日

X社Y社間売買契約　　　Y社入金の手続　　　　X社の口座に入金記録の反映
　　　　　　　　　　　支払期限

解説

1. 弁済の方法に関する改正民法の規定

　民法上、弁済の方法に関する原則は、債務者が債権者の現在の住所において行うこととされています（改正民法484条1項）。そのため、この原則を変更する場合には、当事者間において、弁済の方法について、明示または黙示により合意する必要があります（民法91条）。

　本事例においては、X社Y社間において、売買代金の弁済方法につき、A銀行A'支店のX社口座への振込とする明示の合意があるため、Y社が振込の方法によって弁済を行う点については問題がありません。仮に、弁済方法に関する当事者の合意がない場合には、理論上、債務者が債権者の住所まで現金を持参するまで弁済ができていないことになります。

2. 弁済の時間に関する改正民法の規定

　なお、民法改正484条2項によって、弁済の時間に関する条項が補充され、①当事者間に明示または黙示の合意があれば当該合意により、②当該合意がない場合には、法令または慣習の取引時間により、③法令または慣

習の取引時間がない場合には、条理により、判断することとされています。上記②により、会社や事業者に対する弁済は、概ね営業時間内に行うことになると考えられます。

3. 振込による弁済の効力発生時期について

　当事者間において、支払方法を債権者の銀行口座への振込とする合意があったことを前提とすると、次に、振込による弁済の効力の発生時期がいつになるのかという問題が生じます。

　この点について、旧民法において、明確な規定はありませんでした。このため、支払期限内に債務者が振込手続を完了すれば足りるのか、それとも債務者の預金口座に実際の入金記録がされることまでが必要となるのかなど、様々な考えが生じるところです。

　そこで、改正民法477条は、「債権者の預金又は貯金の口座に対する払込みによってする弁済は、<u>債権者が</u>その預金又は貯金に係る債権の債務者に対してその払込みに係る金額の払戻しを<u>請求する権利を取得した時</u>に、その効力を生ずる。」との規定を設けました。

　つまり、弁済の効力は、債権者に金融機関に対する預金債権が成立した時に発生することになります。厳密にどの時点となるかは、債権者が金融機関と締結する預金契約の内容によって解釈されることになりますが、判例上は銀行取引について、振込金額が受取人の預金口座に入金記帳された時に受取人と預入金融機関との間の預金契約に基づき、受取人を債権者とする預金債権が成立することが前提となっていること^(注)から、債務者の預金口座に実際の入金記録がされた時点で弁済の効力が生じると考えるのが自然と思われます。

（注）　最判平成8年4月26日・民集50巻2号1267頁

4. 本事例について

　本事例においては、Y社の振込に基づく入金記録の反映は、2022年1月10日であるため、Y社は10日間支払を遅滞したことになり、X社は、Y社に対して「10日分の」遅延損害金の支払を請求できることになります。

【旧民法の場合と適用関係】

　施行日である2020年4月1日より前に債務が生じた場合における債務の弁済については、旧民法が適用されます。旧民法では、上述のとおり明確な規定はありませんでしたが、預金の成立には当該預金口座へ預金口座の金額に対応する資金が現実に入金されている必要があるとされるところ、

　振込による弁済の効力発生時期は、債権者が預金口座から弁済額を出金することができるようになった時と考えられ、改正民法との結論の相違は生じないことになると思案されます。

受領権者としての外観を有するものに対する弁済

事例62≫ 当社は、スマートフォン向けの充電ケーブルを製造する
メーカーのX社です。

　当社は、新たに、充電ケーブルの製造に必要な機械部品をY社から
購入することにしました。そこで、X社は、2020年5月1日、Y社と
の間で、継続してY社がX社に対して機械部品を販売し、Y社がX社に
対して当月分の売買代金の総額を、翌月の6日に支払う内容で、継続
的取引契約を締結しました。

　取引開始当初から、毎月の6日に、X社にY社の従業員Aが訪れてき
て、X社が従業員Aに対して、前月の売買代金の総額を現金で支払い、
それと引き換えに従業員Aが、Y社の社印を押印した領収書をX社に交
付する方法で、代金の支払を行っていました。

　X社Y社間における2025年5月分の売買代金の総額は100万円でした。

　X社は、いつものとおり、2025年6月6日に、X社を訪れたAに対し
て、売買代金100万円を交付し、Y社に対する売買代金を支払いました。

　また、X社は、通常どおり、Aより、Y社の社印のある領収書の交付
を受けました。

　しかしながら、Y社は、2025年6月7日、当社に対して、「2025年
5月末日にAは退職しており、別の従業員BをAの代わりに訪問させる
ため、売買代金100万円を支払ってほしい」との連絡を行ってきまし
た。なお、当社は、Aの退職の事実はこの時初めて知り、これまでの
支払の経緯やAが領収書を所持していたことから、Aに支払をすれば
よいと考えていました。Y社に領収書について確認したところ、Y社
は、Aの退職を予想していなかったため、退職の前日にAに対して、
当社宛の領収書を渡してしまっていたとのことでした。

Q X社としては、Y社に対して再度、売買代金100万円を支払う義務を負うでしょうか?

A X社において、Y社に対して、再度、売買代金100万円を支払う義務はないと考えられます。

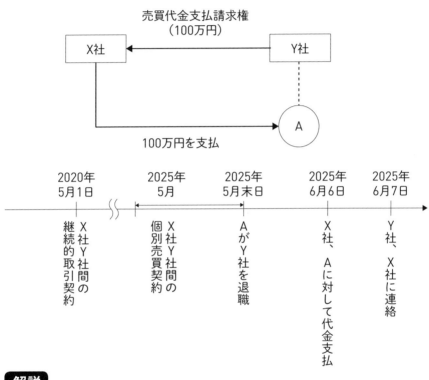

解説

1. 債権者以外の第三者に対する弁済

債権者以外の第三者に対する弁済でも、法令の規定または当事者間における合意によって、弁済を受領する権限を有する者を定めた場合には、その者に対する弁済は当然に有効になります。その一方で、債権者が、これら以外の者に対して弁済を行った場合に、当該弁済の有効・無効は、改正

民法478条によって規律されることになります。

　すなわち、本事例では、2025年5月末日にAがY社を退職しているため、①Aが「取引上の社会通念に照らして受領権者としての外観を有するもの」に該当するか、②X社がAが受領権限を持つと信じ、かつ、信じたことに過失がない場合（善意・無過失）には、X社のAの支払は、Y社に対する弁済として有効なものとなるため、再度Y社への支払は必要ないということとなります。

2. ①Aは「取引上の社会通念に照らして受領権者としての外観を有するもの」にあたるか？

　「取引上の社会通念に照らして受領権者としての外観を有するもの」は旧民法478条の「債権の準占有者」の概念を実質的に維持したものされ、判例上、「債権の準占有者」には、債権証書または受領証書の持参人（窃取・偽造のものを含みます）、無効な債権譲渡における債権譲受人、債権の劣後譲受人、表見相続人、債権者の代理人と称する者、無記名債権証書の所持人などが該当するとされてきました。

　本事例のAは、Y社の社印のある領収書を持参のうえ売買代金の弁済を受けていることから、「取引上の社会通念に照らして受領権者としての外観を有するもの」に該当することになります。

3. ②X社の善意・無過失

　X社は、6月7日にY社から連絡があるまで、Aの退職の事実を知らなかったこと、長年に渡りAに支払を行ってきたこと、Aが真正な領収書を持参していたことから、X社がAが受領権を持つことを信じ、かつ、信じたことに過失がないと評価できるでしょう。

　したがって、X社は、Y社に対して、再度100万円の支払をする必要はないと考えられます。

【旧民法の場合と適用関係】

　旧民法では、真正な受領証書（領収書など）を持参して弁済を求める者は、弁済の受領権限があるものとみなすと規定され（旧民法480条）、弁済受領者より真正な領収書の交付があった場合には、原則として、同人への弁済は有効なものとされ、同条に該当しない場合には、旧民法478条の「債権の準占有者」として保護されるか否かが問題とされてきました。

　したがって、旧民法480条の適用場面たる真正な受領証書の持参がある場合は、弁済が有効であることを主張する者（本事例ではX社）は、真正な受領証書の持参人に対して弁済を行ったことのみを主張立証すれば足り、弁済の有効性を争う者が、弁済者が悪意有過失であることを主張立証することとされていました。

　しかしながら、改正民法においては、旧民法480条は削除され、受領権限のない者に対する弁済は、全て改正民法478条に基づき処理されることになりますので、弁済者の主観的要件に関する主張立証責任の所在が変わっています。

　このため、本事例のように、Aが、真正な受領証書を持参している場合でも、理論上は、X社において、X社が善意無過失であることを主張立証しなければならないことになります。

　なお、改正民法の施行日である2020年４月１日より前の債務については旧民法478条が、施行日以後の債務について改正民法478条が適用されます。

法定代位における債権者の承諾の要件の排除

事例63≫ A社は、商品の卸売を行う株式会社であり、小売を行うB社を主な取引相手としていました。

　ある日、A社代表者は、B社代表者より、大口の取引先から売掛債権の回収ができなくなってしまったため、急遽500万円をB社に融通してほしいとの申入れを受けました。

　A社は、B社代表者の自宅である甲不動産（時価5,000万円、担保なし）に抵当権を設定することを条件として、B社に対して、弁済期を2年後、無利息で500万円を貸し付けました。また、それと同時に、A社は、B社代表者と甲不動産への抵当権設定契約を締結し、その旨の登記を行いました。

　その後、2年以上が経過しましたが、B社の業績は下降しており、500万円を返済できる経済状態ではありませんでした。

　そこで、B社代表者は、A社の了解のもと、A社代表者とも馴染みのあるC社代表者に対して、C社においてB社がA社に負う債務を代わりに弁済してほしい旨を依頼しました。これを受けて、C社はA社に対して500万円を支払いました。

　その後、C社は、B社から一切の金銭の返還を受けられない状態が続いたため、どうにかしてB社から500万円を回収したいと思うに至りました。

Q C社は、甲不動産に抵当権が設定されていることを思い出し、当該抵当権を実行して上記の回収を図りたいと考えました。C社は、A社が抵当権者である甲不動産の抵当権を実行できるでしょうか？

A C社は、A社からの承諾を得ることなく、甲不動産の抵当権を実行できると考えられます。ただし、C社はB社の委任に基づいて支払を行った任意代位のケースであるため、債権譲渡と同様に対抗要件を具備することが必要です。

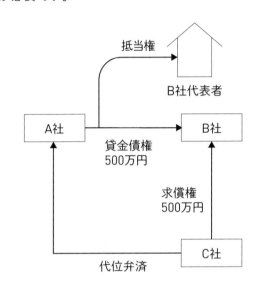

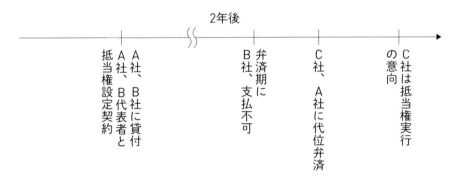

解説

1. 第三者弁済による求償権の発生

本事例では、債権者たるA社は、債務者たるB社に対して、500万円の貸金債権を有していましたが、C社が、B社の依頼に基づき、A社に対して代わりに弁済しています。C社は、B社にとって単なる友好会社に過ぎないので、「弁済をするについて正当な利益を有する者でない第三者」（改正民法474条2項）ですが、債務者たるB社の意思に反する弁済ではないため、有効な第三者弁済です。

したがって、C社は、B社からの支払の委任を受け、第三者弁済を行ったため、B社に対して支払相当額の求償権を有することになります（改正民法650条1項）。

2. 弁済による代位とは

弁済による代位とは、債務者以外の者が弁済をし、債務者に対して求償権を取得した場合に、弁済者が、その求償権の範囲内において、弁済の対象となった債権（原債権）及びこれに付随する一切の担保権を行使することができるという制度です（改正民法499条、同法501条1項）。

この制度の趣旨が、弁済者における求償権を保護することにあるので、弁済者が原債権及びこれに付随する一切の担保権を行使できる範囲は、あくまで、求償権の範囲に限られています。

3. 旧民法の場合

旧民法では、法定代位と任意代位という2つの類型が規定されていました。

法定代位においては、「弁済をするについて正当な利益を有する者」は弁済によって当然に債権者に代位するとして、担保が設定された物の所有者たる物上保証人、後順位の抵当権者、債務者の他の債権者^(注)が弁済を

した場合には、この弁済による代位が適用されるとされていました（旧民法500条）。

　他方で、これ以外の場合には、任意代位の要件を満たすことが必要でした（旧民法499条）。すなわち、「弁済をするについて正当な利益を有する者」でない者が、弁済による代位により、原債権の担保権を行使する場合には、債権者から原債権の移転についての承諾を得ることが必要でした。

　したがって、旧民法下では、本事例において、C社は、弁済時またはそれ以降において、A社から原債権たる貸金債権の移転についての承諾を得ていなければ、C社は、甲不動産の抵当権を実行できないと考えられます。

（注）　最判昭和11年6月2日民集15巻1074頁

4. 改正民法の場合

　改正民法では、任意代位における債権者の承諾の要件が削除されたため、債権者から原債権の移転についての承諾を得ることなく、弁済者は、債務者に対して、求償権の範囲で、原債権及びこれに付随する一切の担保権を行使できることになります。

　そのため、本事例においては、C社は、A社から何らの承諾を得ることなく、500万円の求償権の範囲で、甲不動産の抵当権を実行することができると考えられます。

　なお、任意代位の場合には、その効果を債務者または第三者に対抗するには、指名債権の譲渡と同じ対抗要件が必要である点は、改正民法における法定代位と任意代位の唯一の相違点として引き継がれています。

　したがって、C社としては、上記代位の効果を、債務者B社に対抗する場合にはA社のB社に対する通知またはB社の承諾、第三者に対抗する場合には、これらに確定日付があるもの、がそれぞれ必要です。

【旧民法の場合と適用関係】
　旧民法の場合については、前述「3」のとおりです。なお、改正民法の施行日である2020年4月1日以後に生じた債務の弁済による代位について、改正民法の規律が適用されることになります。

一部弁済による代位

X社は、商品の卸売を行う株式会社であり、取引先である
Y社に対して、1,000万円の売掛債権を有していました。X社は、Y社
から、業績が悪化しているため、この売掛債権をしばらく支払うこと
ができない見込みですとの相談を受けました。

そこで、X社は、Y社との間で、売掛債権1,000万円につき、Y社所
有の事務所（2,500万円）に対して抵当権を設定する契約を締結しま
した。

また、それと同時に、当該債権につき、Y社の代表者であるAが連
帯保証人となりました。

もっとも、Y社の代表取締役Aは、この業績悪化を理由に次期の代
表取締役に再任されないことになりました。Aは、自身を代表取締役
に再任しなかったY社に対して強い恨みを抱き、Y社に対して、自身
が連帯保証人であることを利用して、過大な金銭の支払を要求するこ
とを計画しました。

そこで、Aは、在職中X社との関係が良好だったことを利用し、X社
に対して保証債務の履行として、500万円を支払いました。

その後、Aは、X社に対して500万円しか支払を行っていないにもか
かわらず、Y社に対して、Y社所有の事務所に設定されている抵当権
を実行しないことを条件に、1,000万円の支払を求めました。

① Y社としては、Aが本当に抵当権を実行することができるか
否かが気になるところですが、Aは、単独で抵当権を実行でき
るでしょうか？

② その後、Y社が破産目前となったため、X社が、残額500万円

を回収するために、抵当権を実行することにしました。この場合、X社は、単独で抵当権を実行できるでしょうか？

③　仮にY社の事務所が老朽化していたため、競売によって700万円で売却された場合、X社は、競売による売却代金から、いくらの支払が受けられるでしょうか？

①　Aは、単独で抵当権を実行できません。原債権者たるX社の抵当権の実行に関する承諾が必要です。

②　X社は、単独で抵当権を実行することができます。

③　X社は、残債権全額の500万円の支払が受けられます。

解説

1.　求償権の取得

　本事例では、AはX社に対して保証債務の一部を弁済したことにより、Y社に対して求償権を取得します。また、Aは、弁済による代位によって、この求償権の範囲でX社のY社に対する原債権（売掛債権）の一部とその担保を行使できます。X社、Y社、Aの債権債務の関係と本事例の時系列は以下のとおりです。

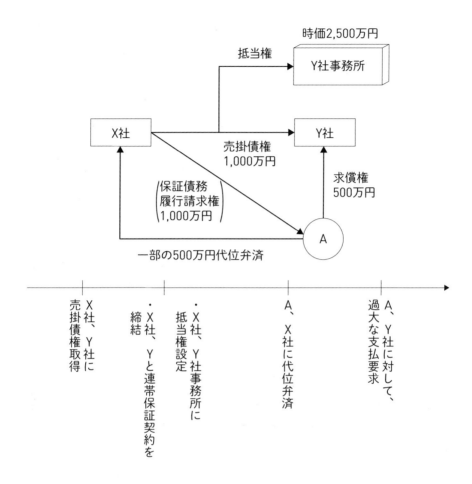

時価2,500万円

抵当権 → Y社事務所

X社 →

抵当権

売掛債権
1,000万円

Y社

保証債務
履行請求権
1,000万円

求償権
500万円

A

一部の500万円代位弁済

X社、Y社に
売掛債権取得

・X社、Yと連帯保証契約を
締結

・X社、Y社事務所に
抵当権設定

A、X社に代位弁済

A、Y社に対して、
過大な支払要求

2. 担保権の実行権者

　この場合、Y社事務所に対する抵当権は、X社のみならず、弁済による代位によってAにも行使の権限が生じます。

　そこで、Aが単独でも抵当権を実行できるのかという問題が発生します。

　旧民法のもとでは、一部弁済による代位者（以下、「一部代位者」といいます）に、債権額に応じて単独で抵当権を実行することを認める大審院判

例も存在したところですが、通説的な見解は、原債権者のみが単独で原債
権を保全する担保権を実行することができ、一部代位者は、原債権者と共
同でなければ担保権を実行することができないとしています。この通説的
見解を踏襲するかたちで、改正民法においては、一部代位者が担保権を実
行するための要件として「債権者の同意」が追加されました（改正民法
502条1項）。

　したがって、①一部代位者に過ぎないAが抵当権を実行するためには、
X社の同意が必要であり、Aは単独で抵当権を実行することはできませ
ん。

　その一方で、旧民法では、原債権者が担保権を単独行使できることも通
説的な見解とされていました。そこで、改正民法では、これを明文化する
べく、「債権者は、単独でその権利を行使することができる。」との条文が
追加されました（改正民法502条2項）。

　そのため、②X社は、単独で抵当権を実行できます。

3. 原債権者と一部代位者間の利益分配

　次に、担保価値が、原債権者の残債権の金額と代位弁済者の求償権の金
額の総額に満たない場合における原債権者と一部代位者の優先関係、すな
わち、担保権の実行があったものの、担保価値が低下してしまっている場
合、原債権者（X社）と一部代位者（A）間において、どのように担保価
値を配当するか、についても問題が生じます。

　旧民法のもとでは、以下の2つの見解が存在し、判例は、弁済による代
位は代位弁済者の債務者に対する求償権を確保するための制度に過ぎず、
債権者は担保価値からの配当を受けられる利益を害される理由はないこと
から、(2)の見解を採用していました。

(1)原債権者と一部代位者は平等の関係にあり、原債権者の残債権の金額と一部代位者の求償権の金額で、担保価値を按分して配当する見解
(2)まず原債権者の残額につき配当を行い、残額があれば、一部代位者の金額については配当を行うとする見解

　改正民法では、従来の判例の見解を踏襲した上で、(2)の見解を明文として規定しました（改正民法502条3項）。

　したがって、③本事例においても、担保たる事務所の売却代金700万円については、原債権者たるX社に残債権全額の500万円が配当され、Aは、残りの売却代金200万円に限って配当が受けられるに過ぎません。

【旧民法の場合と適用関係】
　旧民法の場合については、前述【解説】のとおりです。なお、改正民法の施行日である2020年4月1日以後に生じた債務の弁済による代位について、改正民法の規律が適用されることになります。

◆編著者
弁護士法人 ピクト法律事務所

　2015年設立。現在8名の弁護士が所属し、各弁護士が各業種・業界に強みを持った専門的なリーガルサービスを提供している。その他、税務分野にも精通しており、税理士と連携した税務調査支援、相続・事業承継対策や経営権を巡る問題を含む相続紛争、税務争訟なども多く取り扱っている。各業種・業界に強みを持った弁護士が投稿する以下のオウンドメディアを運営している。

○EC法務ドットコム：https://ec-houmu.com/
○美容法務ドットコム：https://biyou-houmu.com/
○介護法務ドットコム：https://kaigo-houmu.com/
○歯科医×弁護士〜リーガル・カンファレンス〜：
　https://legal-conference.com/
○税理士×法律：https://zeirishi-law.com/

◉執筆担当者：弁護士法人ピクト法律事務所所属弁護士◉

永吉 啓一郎（ながよし けいいちろう）
代表弁護士
法務と税務がクロスオーバーする領域に定評があり、相続・事業承継・M&Aや税務争訟対応などを専門分野としている。また、150名以上の「税理士」が会員となっている「メーリングリスト法律相談会」を運営し、年間300件以上、税理士からの相談も受けている。
主な著書に「民事・税務上の「時効」解釈と実務〜税目別課税判断から相続・事業承継対策まで」（清文社）がある。

茨木 拓矢（いばらき たくや）
弁護士

美容・健康業界に特化し、多くの同業界の顧問先を支援している。同業界向けに「美容法務ドットコム」というオウンドメディアへの投稿などを通じて、広告表示の注意点など多くの情報提供を行っている。その他、「月刊　経営とサイエンス」（新美容出版）等に同業界に関連する法律問題などの連載も担当する。

南 史人（みなみ ふみと）
弁護士

ベンチャー企業（IT・EC事業会社）をはじめとした多くの顧問先を支援している。

「EC法務ドットコム」というオウンドメディアへの投稿などを通じて、IT・EC事業者やスタートアップが押さえるべき法律問題を広く解説している。その他、専門は会社法及びファイナンス分野。

櫻井 良太（さくらい りょうた）
弁護士

歯科医を初めとした多くの医療機関を顧問先として支援している。「歯科医×弁護士〜リーガルカンファレンス〜」というオウンドメディアへの投稿などを通じて、歯科医その他医療機関向けに情報提供をしている。その他、相続・経営権を巡る紛争も多く取り扱っている。主な著書に「最新　取締役実務マニュアル」（新日本法規出版_共著）がある。

杉本 泰之（すぎもと やすゆき）
弁護士

弁護士となった後、Eコマース事業を中心としたベンチャー企業に入社し、企業の立場から法務等に携わり上場まで経験。ベンチャー企業の立場にたった上

場支援や越境ECなどに強みを持つ。

飯岡 謙太（いいおか けんた）

弁護士

IT企業を初めとした新たなビジネスモデルの展開についての適法性チェック・コンサルティングや広告に関する適法性チェック・コンサルティングなどをメインとして、それに付随する著作権・商標権等の知的財産権等について強みを有する。その他、オウンドメディアへの投稿を通じて、広く法律情報の提供なども行う。

小林 雷太（こばやし らいた）

弁護士

不動産に関連する顧問先のサポートや紛争案件の交渉等を多く取り扱っている。法律からの視点のみではなく、全体最適の観点からクライアントの紛争を解決することを得意とする。その他、税務分野に関しても強みを持つ。

松本 ありや（まつもと ありや）

弁護士

クライアントの問題解決や成長に貢献するため、日々邁進している。クライアントに寄り添ったリーガルサービスの提供をモットーとし、紛争分野、予防分野ともに粘り強く、あきらめない弁護士として活躍中。

企業のための
民法（債権法）改正と実務対応

2020年5月20日　発行

編著者　　弁護士法人 ピクト法律事務所 ©

発行者　　小泉 定裕

発行所　　株式会社 清文社

東京都千代田区内神田 1 - 6 - 6 （MIFビル）
〒101-0047　電話 03（6273）7946　FAX 03（3518）0299
大阪市北区天神橋 2 丁目北 2 - 6 （大和南森町ビル）
〒530-0041　電話 06（6135）4050　FAX 06（6135）4059
URL http://www.skattsei.co.jp/

印刷：亜細亜印刷㈱

ISBN978-4-433-75330-6